本书得到了国家自然科学基金青年项目"多团队成员身份的性视角的多层次实证研究"（项目号：71502082）的资助。

U0618252

组织中的"斜杠员工"

多团队成员身份有效性的多层次研究

The "Slashes" in Organization
The Multi-level Research on the Effectiveness of Multiple Team Membership

段　光◎著

经济管理出版社
ECONOMY & MANAGEMENT PUBLISHING HOUSE

图书在版编目（CIP）数据

组织中的"斜杠员工"：多团队成员身份有效性的多层次研究/段光著.—北京：经济管理出版社，2020.9

ISBN 978－7－5096－7417－8

Ⅰ.①组… Ⅱ.①段… Ⅲ.①组织管理学—研究 Ⅳ.①C936

中国版本图书馆 CIP 数据核字（2020）第 158062 号

组稿编辑：申桂萍
责任编辑：赵亚荣
责任印制：黄章平
责任校对：董杉珊

出版发行：经济管理出版社
　　　　　（北京市海淀区北蜂窝 8 号中雅大厦 A 座 11 层　100038）
网　　　址：www. E－mp. com. cn
电　　　话：（010）51915602
印　　　刷：北京晨旭印刷厂
经　　　销：新华书店
开　　　本：720mm×1000mm/16
印　　　张：11
字　　　数：198 千字
版　　　次：2020 年 9 月第 1 版　　2020 年 9 月第 1 次印刷
书　　　号：ISBN 978－7－5096－7417－8
定　　　价：58.00 元

·版权所有　翻印必究·

凡购本社图书，如有印装错误，由本社读者服务部负责调换。

联系地址：北京阜外月坛北小街 2 号

电话：（010）68022974　　邮编：100836

序　言

我第一次从学术期刊论文中看到"多团队成员身份"这个概念时，立马产生了强烈的共鸣，原来多年来我就一直处于典型的多团队成员身份情境下。我在攻读博士学位之前一直在企业工作，这使我体验到管理实践活动与管理研究活动的巨大反差，例如一个是具体且实用导向的，一个是抽象且完美导向的，曾经有一段时间同时身兼两种反差巨大的角色使自己焦虑不已。在后来从事学术研究的过程中，乃至转型成为一名高校教师后，"身兼多职"一直是我的工作常态，当身处不同团队与各异的同事和伙伴合作时，会明显感受到不同的团队氛围与价值观、不同的工作方式与工作要求，以及不同的思维方式与合作策略。频繁在不同团队间转换曾让我困扰和焦虑不已，同时也对如何管理自己的时间和精力提出了更高挑战。当对"斜杠青年"这个词有了更深了解后，我意识到多身份不仅是一种组织现象，更是一种普遍的社会现象，多身份在给我们带来机会的同时也产生了很多困扰，如何正确看待多身份现象和有效管理多身份就显得尤为重要，要解决这个问题需要我们从理论层面进行探索和思考。

将视野聚焦到组织管理领域，员工同时参与多个工作团队的模式在理论上颠覆了传统组织管理理论尤其是团队理论的基本前提。传统团队理论都是基于单一团队成员身份假设的，即员工在一段时期内只参与且归属于唯一团队，团队具有清晰的结构和明确的边界，并且对员工具有完整的管理权。多团队成员身份模式导致团队的结构多元且复杂，团队边界模糊，团队的员工管理权被稀释，传统的团队理论是否适用新的组织情境成为一个亟待回答的重要问题。

基于上述考虑，我选择将多团队成员身份作为一个新的理论研究切入点，并围绕该主题成功申请到国家自然科学基金的资助。当我进入多团队成员身份领域的研究后，通过系统整理一些相关的概念和理论，进一步意识到该领域的多元性与复杂性。一方面，多团队成员身份是一个基于正式组织情境的新概念，但其原型可以追溯到社会学、心理学、神经科学等领域中基于一般情境的多身份或多任务研究，研究内容的收敛幅度非常大，因此也衍生出非常多的研究视角。另一方面，多团队成员身份模式是一个包含个体、群体和组织等不同层次，各主体间为多对多关系的复杂结构，研究对象的可转换性非常高，传统组织研究的方法难以准确地描述和测量这些复杂关系与结构。因此，多团队成员身份的研究蕴含巨大的机会，同时也面临着不少挑战。

本书是我研究多团队成员身份的阶段性工作小结，对多团队成员身份的概念内涵、发展基础与发展过程，以及相关的理论视角进行了系统整理，并在此基础上针对一些非常具体的研究主题进行了实证分析和论证。希望本书能够对同领域的研究者起到些许的启发和助力作用，同时受水平所限，书中难免存在疏漏纰缪，望读者不吝赐教。

笔者

2020 年 3 月

前　言

　　多团队成员身份是一种非常普遍的社会现象与组织现象，表现为个体在某段时期内会同时加入多个不同的团队：在一般社会情境下，个体往往同时参与多个不同的社会团队或工作团队，甚至进一步泛化为"斜杠青年"现象，用来描述人们同时拥有多个不同社会身份的状态。在组织情境下特指员工同时参与多个不同工作团队的工作模式，该模式如今已经成为很多行业尤其是知识密集型行业员工及一些工作可离度较高的岗位员工的普遍工作方式。

　　从多团队成员身份模式在组织管理实践中的实施情况看，"双刃剑"效应非常明显。无论是在个体、团队还是组织层面，多团队成员身份模式会带来很多益处，这也是该模式得以流行的重要原因，但同时也会产生焦虑、困惑和管理困境。比如，多团队成员身份模式能够丰富员工的职业体验并提供更好的提升机会，但同时也会造成认知冲突、焦虑甚至心理与生理问题等。因此，从理论上澄清多团队成员身份模式的有效性与适用性就显得必要且迫切。

　　"斜杠青年"是一种泛化的多团队成员身份模式，是基于一般社会情境对一般社会主体同时从事多种不同职业的生活状态的描述，这种模式的流行是社会发展、科技发展、经济发展与个人发展多方面因素综合的结果，体现了社会生产关系与组织方式的巨大变革，也反映了当代年轻人对于自由和个性的追求。"斜杠青年"模式以一种去边界化和去中心化的逻辑颠覆了人类社会多年来形成的结构体系与认知方式，也对社会管理与组织管理提出了新的挑战。结合组织的正式性与结构化特点，"斜杠"现象映射到组织中便形成了多团队成员身份模式，基于团队的正式形式与制度基础产生多个身份，是多团队成员身份模式与一般社会情境"斜杠"现象的主要区别，这也使实施团队管理和发展团队理论的基本假设发生了巨大变化。传统团队管理与团队理论发展的基本假设是"单一团队成员身份"假设，即默认员工是只归属于一个团队的，团队基于清晰的边界和正式的结构对员工具有完整的合法管理权，并且没有外部力量干涉团队内部结构与边界形态。当多团队成员身份以制度化为基础在组织内推行后，团队的内部结构与外部情境都发生了变化，管理的制度基础也发生改变，相应地，员工个体的认知结构与行为逻辑，以及组织的内部结构与关联方式都发生了变化，这些变化使我们必须思考基于传统单一团队成员身份假设的理论体系与研究结论是否仍适用于多团队成员身份情境，也促使我们有理由和条件去发展团队理论。

多团队成员身份在组织管理领域是一个新的主题，但并非完全没有理论基础。通过文献追溯，我们在社会学、心理学等领域找到了一些类似或相关的概念，以及对应的研究观点与理论基础。例如，社会学领域基于一般社会群体归属研究人们的多身份问题，以及脱离群体情境的多身份问题，心理学领域对并行多任务和多任务转换的研究，管理学领域的社会网络研究、团队边界研究等，都为多团队成员身份研究提供了较为契合的理论视角与理论基础。

本书分为理论篇与实证篇两个部分。理论篇对多团队成员身份模式的发展、模式的内涵与结构，以及相关的基础理论和研究视角进行了系统梳理，试图为多团队成员身份研究构建一个基本的框架。实证篇则从常见视角对几个多团队成员身份模式的基本理论问题进行了量化分析和验证。

在组织情境下，多团队成员身份模式会给员工的个体工作表现造成何种影响？这个基本问题目前并没有具有说服力的结论。为了回答该问题，我们从多团队成员身份的结构要素中选择了团队数量与团队间多样性两个基本结构要素，基于多任务理论与异质性理论等相关理论分析多团队成员身份的影响。结果表明，员工参与团队的数量与员工综合绩效表现之间并非线性的关系，同时参与多个团队确实会提升综合的绩效表现，但参与数量超过阈值后就会制约绩效提升，因此控制合理的团队数量是关键。员工同时参与的多个团队之间必然会存在差异，无论是团队间的知识差异还是工作氛围差异，都被证实不利于员工的综合绩效表现。多团队成员身份情境下，员工的多任务倾向作为一种个体特质被证实是一个重要的适用条件，多任务倾向高的员工更适应多团队成员身份模式，综合绩效表现也更好。

在多团队成员身份与个体绩效直接关系研究的基础上，我们进一步基于多团队成员身份情境深化异质性理论。传统异质性理论都是针对团队内部结构的，多团队成员身份情境将异质性问题延伸到团队之间，团队间的差异会对员工表现造成何种影响就成为一个核心问题。通过对直接效应与影响机制的实证研究发现，团队间知识多样性会促进员工学习进而提升综合的创新表现，而团队间氛围多样性则会导致员工的身份冲突进而抑制综合的创新表现，可见不同类型的团队间异质性对员工的直接影响及作用机制都存在差别。此外，研究还证实员工学习与身份冲突两条路径存在相互影响，一方面身份冲突会强化员工学习与创新的关系，另一方面员工学习会弱化身份冲突与创新的关系。

基于多团队成员身份情境，本书从边界管理视角验证了团队边界管理理论在新的情境下的适用性，同样有一些新的发现：员工通过多团队成员身份模式跨界联结其他团队的制度性行为会弱化团队的内隐协调过程并导致团队绩效下降，这与传统团队边界管理的观点有明显差异。在验证边界强化与边界缓冲活动的调节效应后发现，边界缓冲对缓解制度性跨界行为的负面影响并没有显著作用，这是因为多团队成员身份模式为团队边界渗透提供了制度合法性，边界缓冲活动在多团队成员身份情境下缺乏可操作性。

通过实证研究我们发现，传统的团队理论在多团队成员身份情境下的适用性明显降低，这也验证了团队研究基本假设变化导致传统研究结论失效的基本论点。目前相关研究大致包括对多团队成员身份模式本身的直接研究和基于多团队成员身份情境对传统理论的拓展性研究，未来这两个领域都有很大的发展空间。此外，多团队成员身份研究目前也面临着概念内涵与结构模糊、研究方法和工具基础薄弱等制约研究快速推进的问题，有待学者们共同探索和开拓。

目　录

第一篇　理论篇

第一章　多团队成员身份的特点、影响与发展基础 …………………… 3

　　第一节　多团队成员身份的特点 ……………………………………… 3

　　第二节　多团队成员身份的影响 ……………………………………… 9

　　第三节　多团队成员身份的社会基础 ………………………………… 16

　　第四节　多团队成员身份的组织基础 ………………………………… 23

　　本章参考文献 …………………………………………………………… 34

第二章　多团队成员身份的结构与情境 ……………………………… 40

　　第一节　多团队成员身份的基本结构要素 …………………………… 40

　　第二节　多团队成员身份的其他结构要素 …………………………… 44

　　第三节　多团队成员身份情境下的研究 ……………………………… 49

　　本章参考文献 …………………………………………………………… 56

第三章　多团队成员身份的研究视角与基础理论 …………………… 60

　　第一节　身份视角 ……………………………………………………… 60

　　第二节　多任务视角 …………………………………………………… 70

　　第三节　其他理论视角 ………………………………………………… 76

　　本章参考文献 …………………………………………………………… 80

第二篇 实证篇

第四章 多团队成员身份的直接效应研究 ……………… 91

第一节 研究背景与理论基础 …………………………… 91

第二节 研究假设 ……………………………………… 94

第三节 研究方法 ……………………………………… 100

第四节 数据分析 ……………………………………… 104

第五节 结论分析与建议 ………………………………… 107

本章参考文献 …………………………………………… 110

第五章 团队间多样性对员工创新的影响研究 ………… 115

第一节 研究背景与研究问题 …………………………… 115

第二节 理论基础与研究假设 …………………………… 116

第三节 研究设计与研究方法 …………………………… 122

第四节 实证分析 ……………………………………… 127

第五节 结论分析与展望 ………………………………… 130

本章参考文献 …………………………………………… 133

第六章 多团队成员身份情境下边界活动对团队绩效的影响研究 ………… 137

第一节 研究背景与研究问题 …………………………… 137

第二节 理论基础与研究假设 …………………………… 138

第三节 研究设计 ……………………………………… 147

第四节 数据性分析 …………………………………… 152

第五节 研究意义与展望 ………………………………… 157

本章参考文献 …………………………………………… 159

第一篇
理 论 篇

　　管理学研究尤其是组织行为研究一直以来都是以单一团队成员身份（Single Team Membership）基本假设为前提的，即默认个体是归属于唯一群体或组织的，绝大多数管理理论都是基于这种假设提出和发展的。随着科学技术的飞速发展及随之而来的社会结构的巨大变化，构成组织的要素结构与关系基础也在逐渐发生变化。"斜杠青年"一词用来描述当代年轻人同时拥有多份职业或多种不同身份的一般社会现象，与此相似，组织中也出现了越来越多的"斜杠员工"，即员工在组织中同时参与多个工作团队并拥有多个不同身份。与一般的社会身份不同，组织中"斜杠员工"的多个身份都是基于组织制度和团队归属产生的正式身份。奥莱利等（O'Leary et al.，2011）提出"多团队成员身份"（Multiple Team Membership）概念，用来描述员工在一段时期内同时参与多个不同团队的工作模式，将"斜杠"这种通俗表达方式抽象成了专业学术概念。

　　多团队成员身份概念产生以后，单一团队成员身份假设的局限性异常明显。基于单一团队成员身份假设的一些组织理论与传统研究结论是否仍适用于多团队成员身份情境？这是管理学者需要回答的基本问题。然而，目前针对多团队成员身份模式的直接研究和基于多团队成员身份情境的相关研究十分缺乏，基于多团队成员身份情境发展和完善相关理论成为组织研究的一个重要领域。

　　本篇为多团队成员身份研究的理论篇，结合现象阐释与理论分析，系统梳理和总结了与多团队成员身份研究相关的内容。理论篇内容共包括三章：第一章阐述了多团队成员身份的特点，对个体、团队及组织可能造成的直接影响，并分析了多团队成员身份产生和发展的社会基础与组织基础。第二章基于相关文献总结分析了多团队成员身份的结构要素，如数量、多样性、时间、关系等，具体分析了不同结构要素的内涵与特点，此外还总结了基于多团队成员身份情境的一些理论研究主题。第三章系统总结了多团队成员身份研究的不同理论视角与相关的理论基础，如身份视角、多任务视角、社会网络视角、跨界视角、协调视角等。

本篇在梳理相关研究文献的基础上，通过分析和演绎形成较为系统的理论体系与分析框架，为进一步的实证分析奠定基础。

第一章 多团队成员身份的特点、影响与发展基础

第一节 多团队成员身份的特点

团队是现代组织中最灵活、最有效的工作组织形式，与团队相关的管理现象及理论研究也得到了广泛关注和快速发展。传统团队研究大多是基于"单一团队成员身份"假设的，即在一段时期内员工只参与一个团队并将全部工作时间与精力投入到该团队中，没有其他团队任务的干扰[1]。这种假设大大简化了团队的复杂性，提高了理论研究的可操作性，但同时也不可避免地弱化了研究结论的外部效度与实践意义[2]。近年来，受到全球化、多样化、信息技术发展等因素的影响，组织中的员工已不再局限于必须同时在同一个地点工作[3]，团队的形式与结构也随之发生变化："一个员工、一个团队"的单一团队成员身份假设的适用性逐渐降低，"一个员工、多个团队"的多团队成员身份模式日渐盛行。

一、多团队成员身份的普遍性

多团队成员身份是指员工在一段时期内同时加入多个团队的工作组织模式。有调查表明，在美国和欧洲的很多行业中，有65%~95%的知识员工会同时身兼多个团队成员的角色，在一些公司，甚至有员工会同时参加十个或更多团队的工作[4]。

莫滕森（Mortensen）等（2007）针对多团队成员身份模式的应用普及状况做了一个调查，结果表明，多团队成员身份模式在各类组织中都得到了广泛应用。在得到的 401 个包含不同行业与不同职业的个体反馈样本中，65% 的人正处于或曾经有过同时在两个或多个团队工作的经历，在这些团队中，跨职能团队占比为 67%，跨组织团队占比为 53%，跨国团队则占到 34%，团队的平均规模为 7.5 人[5]。进一步的分析还发现，员工同时参与多个团队时，在不同团队投入的时间比例结构存在一定共性。例如，统计结果表明，那些同时参与三个团队的人在三个团队的时间分配比例平均为 45%、25% 和 20%，这表明多团队成员身份模式中仍然存在着核心团队，员工在其中会投入相对更多的时间和精力，员工受该团队的影响也更大。此外，齐卡－维克托森等（Zika-Viktorsson et al.，2006）以项目负荷超负荷与心理压力、发展能力及组织管理等不同对象间的关系为主题，选取欧洲的九家企业为研究样本，调查了包含项目经理与项目组成员在内的 392 名员工，发现员工同时参与多个项目团队的情况非常普遍，77% 的受访者都表示有过同时参与两个或两个以上的项目团队的经历[6]。

在我国，多团队成员身份模式在很多行业中得到了非常普遍的应用，尤其在一些实施项目制的企业和一些智力密集型行业中，如在管理咨询、软件开发、产品设计、科学研究等行业和相关企业中，知识型员工由于工作可离度较高，即使离开工作岗位从事其他活动也不影响团队工作正常开展，员工不需要时刻固守同一地点和在相同时间内同步工作，这为员工同时参与多个不同团队提供了可能性。另外，由于企业间竞争日益激烈，很多企业出于节约人工成本、提高组织柔性等考虑，也会有强烈的动机和意愿推行多团队成员身份模式。

二、多团队成员身份的二元性

多团队成员身份模式会带来什么影响？这个问题目前仍停留在实践者的经验与学者的逻辑推演阶段，缺乏有效的证据支持。从一些问卷调查和员工访谈的结果来看，多团队成员身份的影响涉及多个层次，无论是员工个体、团队还是组织，所受到的影响都显得非常模糊和不确定，而且存在非常典型的"双刃剑"效应。比如：在个体层面，一般观点认为员工通过同时加入多个工作团队可以获得多样化的职业体验与发展机会，并且能够通过多重身份获得更高的组织地位与更强的心理安全感[5][7]，但员工同时也会受到时间精力碎片化、工作超负荷、角色冲突、时间失序、能力提升缓慢等一系列问题的困扰[6]。在团队层面，团队可以通过同时加入其他团队的员工更及时、方便地获得其他团队的相关资源，促进团队学习并提升团队绩效和创新等[8]，但同时也会因为员工投入时间与精力减少，以及员工多重身份带来的团队内部认知混乱与协调困难而影响团队绩效[9]。在组织层面，多团队成员身份模式可以通过消除员工冗余工作时间、提高人员利用率等，达到减少员工数量和降低人工成本的目的，并且能够有利于提高组织柔性[10]，但多团队成员身份模式的复杂结构和群际关系又大大增加了计划、组织、协调与决策的难度，增加了管理成本。

奥莱利等（2011）系统分析了多团队成员身份模式对效率和学习的影响，并提出了∩形曲线影响模型[11]（见图1-1），他们认为无论在个体、团队还是组织层面，多团队成员身份的影响都是非线性的。在达到临界点前，多团队成员身

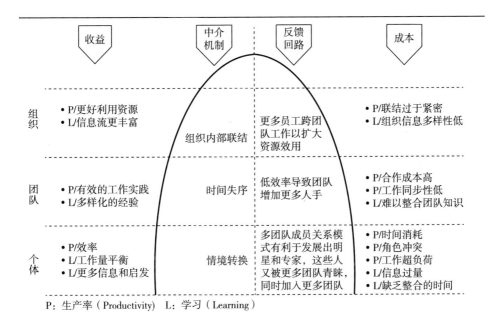

P：生产率（Productivity）　L：学习（Learning）

图1-1　多团队成员身份模式的影响

资料来源：O'Leary、Mortensen 和 Woolley（2010）。

份模式带来的收益会大于成本，表现出来的是积极效应，如提升效率与学习等，但一旦超过临界点后反而对效率和学习起负作用。奥莱利等还在模型中引入中介机制和反馈回路解释多团队成员身份模式的作用过程：中介机制描述了多团队成员身份发挥作用的路径与过程，反馈回路则描述了所产生的结果又进一步对多团队成员身份模式的发展的影响机制。根据∩形曲线模型，奥莱利等强调"适度"是管理多团队成员身份模式的关键，只有找到平衡点才能充分发挥其有效性。

组织二元性（Ambidexterity）是指组织同时从事不同的且相互竞争的战略行为以适应环境变化，比如对探索性行为与利用式行为、柔性与效率、短期与长期等问题的研究等。随着相关研究的逐渐深入与拓展，组织二元性研究逐渐延伸拓展到团队和个体层面。团队二元性与组织二元性有一定相似性，多集中在一些特定对象如高管团队、创业团队如何应对需求冲突，如创业团队知识背景的异质性与同质性问题的平衡[12]。个体层面的二元性问题则强调个体在特定时间对冲突过程或行为的整合与平衡过程[13]，这在多团队成员身份模式的研究中显得尤为重要，个体二元性还要求个体有足够的动机和能力去理解和识别矛盾的机会、需求和目标。根据多团队成员身份模式的一般影响，组织、团队和个体都需要在多团队成员身份带来的积极影响与消极影响之间进行有效平衡，通过优化结构、改善环境、调整主体等不同方式，实现扬长避短，充分发挥多团队成员身份模式的有效性。

三、多团队成员身份的适用性

多团队成员身份模式的影响具有高度不确定性，这又带来另一个问题：究竟在什么条件下多团队成员身份模式才能更好地发挥作用，提高组织、团队和个体的有效性并避免产生负面影响？目前关于多团队成员身份模式的适用性问题同样停留在主观认知阶段，缺乏客观证据佐证。莫滕森等（2007）根据访谈和调查结果，总结了多团队成员身份模式的六个适用条件[5]。

（一）具有较强社交技能与任务管理技能的员工

矩阵制组织结构中员工处于双重领导下，多维立体组织结构中员工处于三重关系下，而多团队成员身份模式中的员工往往处于更高维度的关系结构中，员工需要同时服从多个不同团队主管的领导，遵守不同团队的规范要求，按照不同的工作要求去完成不同的任务目标。只有具有非常强的社会关系管理能力、任务管理能力及高度自律性的员工才有可能适应并行多团队工作的要求。因此，莫滕森等认为适合多团队成员身份模式的首要条件就是要有一批具有良好社交能力与任务管理能力的员工，在此基础上才可能采用高标准的任务要求激励员工并行工作，并产生良好绩效。

在多团队成员身份的相关研究中，员工的个性特质也会影响多团队成员身份模式的执行效果。比如，多元时间观念较强的员工往往更适应同时参与多个任务的工作状态，并有更强的抗压能力和恢复能力，在多任务状态下表现会更优秀。

（二）模块化的任务结构

多团队成员身份模式通常无法采用团队成员面对面的实时交互方式，因此对团队任务的结构与特征有一定要求。首先，团队任务必须是相对成熟的，任务的目标、要求、方法等要素都相对清晰，不能是还处于探索阶段的模糊任务，成熟的任务不仅有助于管理者进行分工与控制，而且员工对任务过程也更熟悉，容易相互协作。其次，任务的模块化程度较高，每个任务模块都有相对独立的目标与过程，可以交由不同员工独立完成，而且任务模块之间具有较好的耦合性，通过组合形成更高层次的模块。此外，团队任务要有明确的完成期限，团队拥有相对固定的工作地点，可以通过定期的会议或关键点核查的方式控制任务进程。

根据任务特征不同，团队任务通常被分为组合型、离散型、叠加型与自主性等不同类型。其中，组合型团队是指每个成员担任不同角色并为团队做出不同贡献，成员间需要配合与协作，各类知识型团队大多是组合型团队，需要对任务进行模块分解与再组合。离散型团队是指团队的产出往往取决于个体绩效最优者，这种团队往往将任务交给某一个成员，或者团队所有成员都从事相同的工作并以最优者产出为准，如团队决策任务。叠加型任务是指团队每个成员的绩效之和进行加总可以得到团队整体绩效，但团队成员间的互依性较低，彼此较为独立，如计件小组、搬运小组等。自主型任务则是指可以由团队自主决定成员的工作分工及协作模式。综合来看，采用多团队成员身份模式的团队，无论是何种任务类型，都要通过任务设计及对团队过程的控制，确保每个参与的人都非常清楚做的是什么及需要做什么，任务衔接时会有清晰的交接说明，以便不同模块之间能够进行有效协作。

（三）高度的团队成员互信与客户信任

信任是实施多团队成员身份模式的重要基础。一方面，团队成员之间要非常熟悉并且有高度的互信，良好的信任会有助于团队成员准确预期和理解彼此的行为，减少沟通并提高默契，降低协作成本。在多团队成员身份情境下，团队成员经常无法面对面地实时沟通和协作，团队主管也无法实时监控团队成员的工作过程，由于任务时间安排紧凑，团队往往也没有多余的时间替那些没有按时按质量完成任务目标的员工善后，如果团队成员间缺乏足够的互信，团队工作将会陷入巨大危机。另一方面，团队与其客户之间也需要有良好的互信，团队与客户的互信既可以帮助团队快速有效地理解客户面临的问题与需求，提高沟通效率，也可以降低客户的监督成本，改善团队工作环境。在莫滕森等的访谈调查过程中，有受访对象就明确指出，"事先了解所合作的人是成功的关键，如果团队成员以前从未合作过，即使大家尽全力将一个团队拼凑起来，也很难成功地完成这个项目"。

（四）高效的信息系统与有效沟通机制

员工大多数时候都是在两到三个团队之间切换，如何将团队成员集中到一起进行面对面的沟通，就成为一件非常有挑战性的工作。利用先进的信息技术和高效的沟通工具正在成为多团队成员身份模式的重要运行基础，比如很多企业会建设一些中心化的决策软件，将不同团队成员的工作负荷进行统筹规划，根据员工的工作负荷进行合理的工作安排和组织。组织中常见的信息技术和沟通手段，如内部办公系统、电子邮件、内部网络、远程工作系统、为员工离线工作提供文件服务的系统、为分布于不同地点的员工提供笔记本电脑、云运算等软硬件设备等，都能够提升异步沟通和异地沟通的效率和效果，为团队管理非全时员工提供了便利。在团队内部建立适合异地沟通的惯例、程序与制度能够有效提高沟通效率，一些公司针对远程办公建立了特有的会议模式，比如提前发布会议主题供与会者熟悉和准备、简明扼要阐明观点、明确发言顺序与发言规则、严格控制会议时间等，都能提高会议质量与效率。

（五）开放的组织文化与氛围

文化是一个容易被忽视的因素，但多团队成员身份模式的成功确实非常依赖特定的组织氛围或文化，包括对项目进行公开讨论的氛围、网络远程办公的文化、公开员工信息与项目信息的内部网门户等，这些都体现了组织内部一种开放、包容、支持性的工作文化，会提高员工同时加入多个团队的意愿。文化的影响大多是通过一些具体管理行为与措施体现的，比如建设远程办公系统、建立支持多团队工作的薪酬激励体系等，都体现了组织在信息匹配、资源配置等方面对多团队成员身份模式的支持。

（六）良好的负荷管理与调整系统

为了保证多团队成员身份模式运行良好，组织还需要通过员工工作负荷管理系统帮助平衡各项目团队的工作负荷，各团队主管通过周期性地召集员工会议，或者通过对团队任务负荷进行跟踪与回顾，及时发现员工的超负荷工作征兆，提前预期团队工作的困难并制定应对策略，从而避免让员工在多团队成员身份情境下工作压力过大，并确保团队及时得到所需的资源。团队主管不仅要了解成员在本团队的工作进度与工作负荷，还要了解员工总体的工作安排与团队分布情况，并帮助下属合理安排工作计划，让员工在不同团队间保持适度的切换频率。

第二节　多团队成员身份的影响

"我现在遇到一个问题：如果同时在参与多个项目，有的需要我来完成技术方案和测试，甚至要跟踪生产；有的我要全权负责，包括技术、与客户沟通、生产进度等；我经常会忙得忘东忘西，总感觉事情不能圆满、细致地完成。面对这种情况，我该怎样整理我自己的工作？该如何安排呢？"

"公司骨干开发人员经常身兼多职，参与多个项目开发，有时其中一个项目急着完工，就会影响其他项目进度，如何能合理地分配工作，而不影响到项目进度？"

"项目建设过程中资源多数情况下都是紧缺的，这就对人力资源的使用效率要求越来越高。当同一资源参与多个项目时会存在某个项目过分使用和无序使用情况……"

"两个项目都面临着周末上线的最后期限的压力，并出现了严重的资源竞争：开发人员 X 是不可或缺的关键资源，怎么办？项目经理 A、B 抱着最后的希望找部门总经理协调，他们据理力争，总经理也很为难，最后权衡再三把 X 安排给 B 了，另外安排开发人员 Y 给 A。其实谁都知道，Y 只是替补，X 完成 B 的任务后还得立刻回来继续先前的工作。干完 B 的活，X 想喘口气，就没主动告诉 A，而 B 也想再占着 X 以防万一，所以也没告诉 A，A 迫不及待地问 B，B 就含糊其辞，模棱两可。在 A 的再三努力下，终于要回了 X，而 X 发现 Y 写的程序像网兜，漏洞太多，只好重做，非常辛苦。"

以上是一些身处多团队成员身份情境下的员工的工作感受，体现了多团队成员身份模式的部分影响。

多团队成员身份模式是对传统官僚制结构的挑战，对员工个体、团队管理者及组织管理者都产生了广泛的影响，包括一系列的挑战、机遇与风险。对个体而言，同时参与多个团队的员工除了要具备完成任务所需的专业技能外，还需要具备高度的自律性、良好的人际关系管理能力及优秀的时间管理能力。尽管多团队成员身份模式对参与者的要求很高，并可能造成很多负面的心理和生理影响，但也为员工提供了良好的学习提升与职业发展机会。对团队而言，最大的挑战是如何在多团队竞争中有效获得员工的时间和注意力资源，并合理地调配和组织员工，多团队成员身份模式能够降低项目团队的成本，避免聘用全职员工花费高昂代价，而且团队还能够从员工制定的跨界活动中获得有价值的知识信息。对组织而言，通过多团队成员身份模式关联起来的多个团队，很容易因某个团队的延误产生多米诺骨牌效应，因此最大的困难是在组织范围内进行资源的组织与协调，以及保持管理的有效性。组织采用多团队成员身份模式的益处主要在于可以降低人工成本，提高组织柔性，消除时间冗余等。

奥莱利等（2011）提出了多团队成员身份模式的两个基本结构要素——团队数量与团队间多样性，以下具体分析这两个基本结构要素在个体、团队和组织等不同层面造成的影响及作用机制。

一、个体层面

（一）团队数量的影响

在个体层面，团队数量是指员工在某段时期内同时参与的团队数。首先，同时参与多个团队会影响员工的工作效率。相对于线性的顺序任务安排，多团队成员身份模式可以有效消除非必要的冗余工作时间，提高员工的时间利用率。例如，顺序安排任务时，任务衔接可能会产生等待时间，多团队成员身份模式下员工自行安排任务，可以对任务时间"削峰填谷"，尽量消除无效时间。而且，多任务的并行压力会促使员工发展高效的工作惯例，形成更加高效的工作习惯，提高工作效率，所以在现实中那些工作繁忙的人往往会给人效率非常高的印象。但是，团队数量对员工的工作效率的促进作用不会一直持续，在同时参与的团队数量超过一定范围后，员工在多个团队任务间转换的频率会提高，任务等待时间延长，频繁的任务转换会消耗更多认知资源，员工的工作压力也随之增大，这些因素反而会导致工作效率下降。因此，团队数量对员工效率的作用可能是∩形的非线性关系。

其次，团队数量会影响员工的学习过程。同时参与多个工作团队会让员工有机会接触到更多不同的外部知识，但是多团队任务的工作压力会减少员工用于收集和整合知识的时间，并且工作压力会使员工无暇思考工作的新思路，限制了个体学习与成长[14]。奥莱利等认为团队数量与员工学习是负相关的关系，随着团队数量增加，员工会将精力更多投向如何按时按要求达成目标，陷入目标导向的机械工作状态，无暇学习新知识。由于个体学习行为不会出现下降趋势，随着团队数量增加，个体学习的边际效用递减，员工学习将维持在一定程度。

关于团队数量对个体创新的影响，陈（Chan，2014）通过实证研究分析证实，个体同时参与的团队数量与个体创新绩效之间是∩形曲线的关系，因为同时参与多个不同团队有利于员工接触到不同类型的知识和观点，有利于促发更多的创新想法，但是当同时参与的团队数量超过一定数量后，成员们大多会被迫关注如何完成任务，而很少有精力去考虑学习新的知识及寻找创新方法去完成任务[15]。

（二）团队间多样性的影响

团队间多样性是一个新的概念，指的是员工同时参与的不同团队之间的差异程度，由于团队属性是多维的，团队间多样性也延伸出很多不同内容，如团队间知识多样性、团队间氛围多样性等。从知识基础观和学习的角度，团队间多样性意味着员工有机会获取不同知识、信息和经验等，完善自我的认知结构并促进个体学习，这种观点在传统的知识异质性的研究中已经得到普遍验证[16]。传统知识异质性的观点是否适用于多团队成员身份情境一直存在争议，因为多团队成员身份模式是一种制度性的工作划分与任务转换模式，员工在多个团队任务上分配时间精力，会产生明显的时间精力碎片化问题，而多样性的知识需要足够的时间和精力去学习、消化、吸收才能产生价值，缺少知识整合时间会限制知识的利用。

从员工身份角度，团队间多样性意味着员工同时拥有多样化身份，员工在多个团队成员身份间转换需要耗费更多时间和精力才能适应不同的团队规范和团队氛围，既增加了时间成本又降低了效率。员工在每个团队中都具有正式身份和相应的工作目标，身份多样性需要员工管理更多身份和工作信息，进一步加大了认知负担，不利于提升工作效率。霍普（Hopp）等（2004）研究发现，当员工同时参与三个不同团队时，其所管理的信息异质性及对工作效率的影响要远高于同时参与三个相同团队的情况[17]。马克（Mark）等（2005）的研究表明，团队工作氛围差异越大，员工进行转换时对工作效率的影响越大[18]。勒平（Lepine）等（2005）的研究也证实，当工作范围和复杂度增加时，员工的工作压力会更大，工作效率会更低[19]。

（三）多团队成员身份对个体绩效的动态影响

大多数关于团队和多团队成员身份的研究都是静态的，比如多团队成员身份对团队或个体的绩效有促进或阻碍作用等。范德布雷克（Van de Brake）等（2018）的研究认为，多团队成员身份模式与个体绩效之间是相互影响的，比如团队主管会选择高绩效的员工构建团队，而团队绩效增长又会进一步增强员工的信心，并促使其有更高的声誉和参与更多团队[20]。

范德布雷克等基于社会资本理论与资源保存理论分析多团队成员身份与绩效之间的相互影响。社会资本理论的观点认为人的社会网络包含很多有价值的人际资源，如知识、工具与社会支持等，人的社会资本就被定义为取得和利用这些资源的能力，社会资本在一些非常规和创新性要求较高的情境中非常重要。多团队成员身份模式能够让员工通过正式渠道接触到更多的不同主体并获得更多有价值的资源，因此对于提升工作表现是有益的。但是如果长期拥有稳定的多团队成员身份结构，则会造成个体对社会资源的过度依赖，并且难以意识到这些资源对学习、创新和知识交换的价值。

资源保存理论的基本观点则认为人们会试图寻找、持有和保护那些能够帮助自己获得良好表现的资源，如果这些资源受到威胁或流失就会产生压力[21]。在工作情景下，对工作、时间和注意力等资源的控制感在很大程度上影响了员工对资源的认知，有关研究表明损失这些资源会降低员工的绩效表现。在多团队成员身份情境下，员工对资源的控制能力会变弱，这是因为随着任务数增加，员工会面临更多的需求与期望，员工需要调整自己以适应新的角色，这会妨碍员工理解新的团队过程、知识技能与任务需求，降低对各种资源的控制能力。资源控制感下降的另一个原因是员工的资源被迫分散到不同任务，会增加员工设计任务路线与组织工作的难度，每多参与一个团队，员工都需要花费额外的时间去完成其在原团队中缺席的工作，进一步增加了资源碎片化程度，并降低了员工对资源的可掌控性。

从以上两种理论视角会得出完全不同的结论。社会资本理论认为多团队成员身份与个体绩效正相关，即同时参与的团队数量越多则绩效越好，而资源保存理论则认为多团队成员身份与个体绩效负相关，即同时参加的团队越多则绩效越差。在多团队成员身份模式影响绩效的同时，另一个容易被忽视的问题是：员工的绩效表现是否会影响其参与多团队成员身份的行为？范德布雷克等认为，员工同时参与多个团队的行为也会受到其自身绩效表现的影响。一方面，团队主管在构建团队时会更倾向于选择具有良好表现或更有潜力的员工，个体以往绩效是预测个体能力与潜力的最有效指标，绩效表现好的员工自然会得到更多团队的青睐与邀请。另一方面，良好的绩效表现会增强个体的自信心，相信自己有能力接受更大挑战，能够应对多个团队的任务。综合上述分析逻辑不难发现，按照社会资本理论，多团队成员身份与个体绩效的关系呈现误差放大的特点（Deviation - amplifying），两者会陷入相互促进不断提升发展或相互抑制不断弱化的过程。按照资源保存理论，多团队成员身份与个体绩效的关系呈现误差中和的特点（Deviation - counteracting），比如同时参与团队数量增加会导致个体绩效降低，进而会减少个体同时参与团队的数量，长期来看相互影响会逐渐趋于稳定。

由于两种不同理论视角的观点相互冲突，范德布雷克等并没有整合两种观点提出完整的假设，而是利用样本企业五年的纵向数据分别验证两种观点。基于对1875个样本在五年内相关数据的分析，资源保存理论的基本观点得到证实，即多团队成员身份与个体的综合绩效负相关，团队数量增长会导致综合绩效表现下降。另外，个体综合绩效与多团队成员身份的正相关关系也得到了证实，绩效表现好的员工确实会参与更多团队。因此，多团队成员身份与个体绩效的互动过程表现为误差中和的特点，在理论上揭示了两者的动态发展过程。

在组织管理实践中，组织和团队往往具有很强的纠错能力，会通过工作过程数据与即时沟通交流来了解监控员工的工作表现，当员工同时参与过多的团队并影响到自身的绩效表现时，团队和组织会及时调整团队数量和员工工作负荷，阻止员工绩效的进一步下滑并保持在总体最佳水平，确保资源投入产出最大化。

二、团队层面

（一）团队数量的影响

奥莱利等将团队数量在团队层面的含义界定为目标团队的所有成员同时参与的其他团队的数量，并认为团队数量与团队效率的关系是∩形的，但是具体作用机制与个体层面有所不同。目标团队成员同时参与其他团队会减少本团队成员共同工作的时间，这会激发目标团队主动发展或采纳更高效的合作性工作方式来提高效率，但当团队数量超过一定范围后，工作异步性、分工整合困难等因素会抵消团队的效率提升措施，反而削弱了团队效率[22]。但陈（2014）的实证研究表明，团队数量与目标团队绩效之间是正相关关系，这是因为团队管理的应急反应机制发挥了作用，当团队绩效出现下降趋势时，团队会及时调整资源分配与协作方式，当团队绩效开始出现下降迹象时会及时干预和调整，确保团队绩效不会真的下降。

梅纳德（Maynard）等（2012）以68个供应链团队为研究样本的分析得到了不同结论，他们对三个时点的纵向数据进行了分析，研究表明，在多团队成员身份情境中，员工在目标团队的时间投入会影响到目标团队的系列活动，包括团队任务分析、目标确认、规划与计划制订等，进而影响到目标团队的交互记忆系统形成，并最终削弱了目标团队的有效性[23]。

此外，从团队学习角度，团队数量增加会减少员工在目标团队中的投入程度，不利于目标团队制定编码规则、整合知识及发展共同认知，因而不利于团队整体的学习[24]。

（二）团队间多样性的影响

团队间多样性是指目标团队与其他关联团队之间的差异程度，这种差异一方面增加了目标团队的员工所管理信息的复杂性及工作进度管理的复杂性[25]，加大了员工的认知负担与任务转换成本；另一方面也增加了目标团队对异质性的管理难度，不利于形成团队成员共享心智模式，使成员之间的协调时间与协调成本增加，不利于提升团队的工作效率。基于以上逻辑，奥莱利等认为团队间多样性与团队效率是负相关的[4]。

多样性资源能够促进团队学习的观点已经在多种情境下被证实[26]，但团队间多样性一旦超过临界值，多样性知识的边际效用会递减[27]，知识的可用性将不再提高，而且知识管理的难度和管理成本都会提高，对团队学习的促进作用将会逐渐停滞。

三、组织层面

学者们对多团队成员身份模式的研究基本都聚焦于个体和团队层面，目前很少有研究探讨多团队成员身份模式对组织可能造成的影响，少量观点也只是对组织实施多团队成员身份的动机的主观分析。对组织而言，多团队成员身份模式明显增加了组织内部管理的难度，员工与团队之间是多对多的关系，因此人员选拔与评估的工作量增加，工作负荷评估与平衡的难度也会显著增加。由于团队之间通过员工的强联结关联起来，团队间的关系更加紧密，一个团队工作的延误可能因"多米诺骨牌"效应而给其他团队带来很多意想不到的困难和问题，因此保持有效的管理就显得尤为重要。多团队成员身份是否能够减少组织的人员投入、降低人工成本和提高效率，也还仅停留在概念层面，缺乏进一步的理论支撑与现实依据。

第三节　多团队成员身份的社会基础

一、"斜杠青年"现象

"斜杠青年"一词源于英文"Slash"，是《纽约时报》的专栏作家麦瑞克·阿尔伯（Marci Alboher）在其著作《双重职业》（*One Person/Multiple Careers：A New Model for Work Life Success*）一书中首次提出的，指那些不满足单一职业的无聊生活方式，选择拥有多重职业和身份，追求多元化生活的人。这些人往往会用斜杠来区分不同身份，如演员/歌手/制片人/导演/……"斜杠"也因此成为这个群体的代名词。历史上很多名人都是标准的斜杠青年，如达·芬奇，除了是画家外，还是天文学家/雕刻家/建筑师/音乐家/工程师/植物学家/作家等。

根据美国国家人力资源统计署 2014 年的统计数据，美国劳动力人口的 5% 即大约 670 万人同时有着多重职业身份。截至 2013 年底，澳大利亚劳动力人口中约 6% 的人（约 65.7 万人）拥有多重职业身份，而且自 1990 年多重职业身份的劳动者比例就稳定维持在 5% ~ 6%。英国在 2000 ~ 2015 年拥有多重职业身份的人口占劳动力人口的比例保持在 8% ~ 10%。

苏珊·邝（Susan Kuang）2016 年撰写的文章《"多重职业"成为全球新趋势》获得国内多家媒体转载，并将"斜杠青年"一词引入国内，引发社会的广泛关注和讨论。"斜杠青年"并非国外独有的现象，随着新生代员工进入职场、社会结构变化、就业观念发展、社会环境与科技环境变化等，斜杠模式在国内也逐渐普遍起来，自由职业、发展第二职业、利用专业特长或业务爱好兼职等现象越来越普遍，甚至成为年轻人所追逐的生活方式。

《Kelly Service 全球雇员指数调研》报告对北京、上海、广州、深圳等一线城市约 100 万人口的调研结果显示，有约七成的中国雇员想在未来一段时期内改变自己的工作状态，寻求职业身份的改变[32]。2017 年，中国青年报社社会调查中心联合问卷网对 1988 名 18～35 岁青年进行的一项调查表明，52.3% 的受访青年确认身边有"斜杠青年"，56.7% 的受访青年认为"斜杠青年"可以更加高效地利用时间，生活更加充实。同时，受访者也认为"斜杠青年"可能存在着缺乏突出技能（45.5%）、职业规划迷茫（40.1%）等问题[28]。据《三湘都市报》的报道，一项权威调查结果表明，国内 18～25 岁的人群调查中，82.6% 的年轻人想成为"斜杠青年"，多重职业身份不是一种个别现象，而是一种群体现象[29]。

"斜杠青年"根据其表现形态，可以分为迫于经济压力型、爱好特长型与能力所及型[30]。迫于经济压力型是指为了改善生存条件，不得不在主要职业之外寻找一份或几份与主业不相关的工作，这些工作的技术含量往往不高，以时间和体力付出为主。爱好特长型是指在主要职业之外，以自己的爱好与特长再去从事相关的职业，增加收入并非是从事多重职业的主要目的，寻求自我价值实现更为重要。能力所及型是指凭借自己的专业能力或者较好的经济基础、充裕的时间在能力所及范围内从事多个职业。目前对"斜杠青年"的一般社会理解通常指的是爱好特长型的多重职业身份者。

具有多重职业身份的人数在持续增长，同时人员结构也表现出一些新的特征[32]。例如，女性劳动者选择多重职业身份的比例在迅速上升，甚至高于男性的比例；不同行业与工作领域的多重职业身份比重有明显差别，艺术工作者或娱乐从业者拥有多重职业身份的比例要高于传统制造行业；拥有多重职业身份的人，其工作时间呈明显的上升趋势，晚间工作与周末工作时间会增加。此外，多重职业身份工作者的身份变换频率表现出明显上升趋势。

尽管"斜杠青年"现象流行且被年轻人所追捧，但并非所有的评价都是积极的，如有观点认为"斜杠青年"充满了浮躁、缺乏精益求精的"工匠精神"，甚至误导了年轻人的职业观。

二、"斜杠青年"的内涵与产生动因

（一）"斜杠青年"的内涵

"斜杠青年"中，斜杠"/"前后的名词指的是一种职业或者具体的社会身份，对应的是某种精湛的职业技能与崇高的精神价值[31]，而非泛指个人的生活兴趣和爱好。斜杠青年与多种爱好者的内涵是不同的，前者代表的是多重职业身份，后者代表的是多种兴趣爱好。李强等（2019）将"斜杠青年"具体定义为斜杠人群中的青年群体：年龄分布上主要是"85后"，出生在物质、文化更加丰富的时代，兴趣广泛，会追求自由的职业与高品质的生活，愿意尝试自己感兴趣的工作。因此，"斜杠青年"也体现了一种新的职业形态。

作为一个学术概念，斜杠效应（Slash Effect）指的是一个人在职业领域拥有多重职业身份标签的现象，具体表现为一个人身兼数职，同时跨界多个职业领域[32]。多重职业身份有两种不同的结构：一是并行的多重职业身份，即多个职业身份之间在时间上是并行关系，并且相互依赖，比如同时身为某个部门的主管和一个具体项目团队的执行成员；二是序列式多重职业身份，即多个职业身份在时间上有先后之分，人们在不同时间会变换自己的职业身份，比如上班时的职业身份与下班后兼职的身份。

吴玲等（2018）认为"斜杠青年"是一种简单粗暴的贴标签，并不能反映年轻人的真实状态，而"多元潜能者"（Multi - potentialite）这个词则能更充分地体现年轻人对实现自我价值的期待：希望自己成为一个复合的、多元的、不断成长的个体[33]。分化潜能者具有跨界整合能力、快速学习能力及较强的适应能力，他们多以不同兴趣爱好为背景，在不同领域的交会处寻找突破点，创造出新东西并实现跨界整合。

（二）"斜杠青年"的产生动因

"斜杠青年"产生的原因可能包括经济、教育、个人等多个方面，朱颖（2019）从人的发展需求、收入需求及所处的社会氛围等方面进行了深入阐述[34]。

根据多职业选择理论，人们在选择主要职业、辅助职业及兴趣职业时，心理因素会起决定性作用，包括职业喜好、职业愿景及职业发展的不确定性等。心理学领域对青年人的职业选择倾向的研究认为，多重职业选择是青年人面对单一职业发展的不确定性而产生的自主调节行为，个体在面对职业选择时，会有两种竞争性的观点博弈：一是鼓励"主业＋副业"的职业结构，在稳定基础职业的前提下实现职业发展与蜕变；二是鼓励多向发展，在有限的时间、精力投入的前提下尽可能贯通多种职业技能，实现"斜杠发展"。在当今社会多元价值观的影响下，青年人向多领域发展的心理动机不断强化，选择多元职业发展的倾向也变得更加强烈。

收入需求也会促使年轻人向多元职业发展。多元职业发展能够带来多元收入，可以有效弥补单一收入来源不足的窘境，满足年轻人的多元消费需求，同时也能够体现自身优势，获得更强烈的心理满足感。对于年轻人而言，有限的财富总额限制了他们通过投资、创业等手段获得稳定收益的可能，塑造多重能力和发展多重职业就成了增加收入的重要手段。青年人思维活跃、学习能力强，并且具有较强的创新能力，可以快速掌握多重技能获得多重收入。斯力特（Slite）等（2014）的调查研究显示，38.1%的受访者认为多重职业身份会增加额外收入，只有17%的人表示是因为喜欢第二份职业才选择多重职业身份的[35]，说明经济因素甚至可能是人们选择多重职业身份的主要动因。

社会观念变化也促使年轻人的择业观念与职业发展模式发生转变。随着社会多元化与动态性程度日渐提升，人们对于新生事物的接纳能力更高，接纳速度也更快，年轻人的就业观念与职业发展路径随之发生了较大变化，从追求稳定性逐渐向多元化就业转变。年轻人希望在社会分工中为自己建构特定的层次与地位，而多元职业是一种有效的途径。此外，西方的"自由职业"观念也逐渐被国人接受，稳定就业不再是职业发展的首要考虑因素，追求个性、自由与自我价值实现驱动年轻人向多元职业发展。

除了个体因为收入、职业发展等因素主动选择多重职业身份外，一些组织由于经营压力增大，被迫增加临时员工并减少全职员工数量也是多重职业身份日趋流行的动因。例如在美国，全职员工人数超过50人的公司需要支付更高的卫生保健成本，很多公司已经采取措施将全职员工转换成兼职员工，或者将全职员工数量尽量控制在 50 人以内以降低运营成本。根据美国国会预算办公室的统计，2017～2024 年，全职员工的数量会减少 200 万～250 万人，但这并不意味着劳动岗位减少，而是大量全职岗位变成兼职岗位，并导致拥有多重职业身份的人数快速增加。

三、多重职业身份的社会意义

（一）体现了社会生产关系与组织方式的变革

农业社会与工业社会的大部分工作都需要将人与生产资料在时间与空间上进行匹配，人们必须在固定时间和固定地点依托特定的生产资料开展劳动活动，并且通过分工实现专业化以提高劳动效率，每个人从事简单的重复性劳动，人们也变成产业链条中缺乏自主选择的"螺丝钉"。信息社会是以数字化与网络化为基本社会交往方式的新型社会，信息、知识成为重要的生产力要素，劳动者的知识与经验成为信息社会的基本劳动要求，而且劳动者与生产资料的分离度更高，依托现代信息技术，人们在不同时间和不同地点进行异步工作成为可能，这是多重职业身份产生的重要前提。

依托信息技术与协作技术，拥有不同专业知识技能的人才可以摆脱组织边界的束缚，通过多种方式协作并直接为用户提供产品和服务。由于摆脱了物质生产资料的限制，人与人之间、人与组织之间的交换链条缩短，交换内容更加抽象。例如，交换内容多为知识、技能和时间等，人与组织间的关系从"雇佣"逐渐转变为"合作"，组织架构也由"金字塔"型逐渐转变为"扁平化"型。多重职业身份的出现颠覆了单一科层制的组织体制与单一雇佣制的劳动模式，对组织的管理方式提出了新的要求。

（二）组织的"去边界化"与"去中心化"

边界一直是各类组织维持内部完整性及有效区别于外部的手段，边界不仅体现为物质的有形界限，更重要的体现在心理认知方面。单一职业身份时代，每个人都处于唯一的工作组织内，组织依托边界并通过各种边界管理措施对内部员工进行管理，边界是区别个体身份的重要依据，也是组织认同感与个体归属感的重要基础。信息技术与虚拟网络空间大大削弱了人们的"边界感"，实体空间与虚拟空间叠加起来共同重构了人们的活动方式，不仅体现了信息技术革命的结果，更意味着一种崭新的社会模式与社会形态的出现。多重职业身份是一种典型的跨界结构，个体同时身处多个不同的组织边界内部，不同组织边界通过这些个体实现联结，尽管组织的实体边界仍然存在，但员工的心理边界却非常模糊，"无界感"成为多重职业身份者的典型认知状态，而且现代信息技术通过一种流动化的逻辑实现了信息的无障碍跨界流动，边界逐渐消融于无形的网络空间中。

中心的存在意味着等级与边界，也象征着权力与控制，人类中心化是始于启蒙运动的一种历史建构，不仅将人类从宗教神权中解放出来，也使"中心"意识深入人心。多重职业身份通过职业关联，使人与组织以网络方式联结起来，职业身份数量越多，所构建的网络规模与网络复杂性越高。网络的典型特征是中心的弱化，传统的中心变成了一个联结点。"斜杠青年"带来的去中心化，一是消解了精英的话语霸权，增强了年轻人自我表达、自我筹划与自我实现的意愿；二是极大加速了"逆组织化"工作模式的流行，推动了人员的跨界流动。人们即使不参加任何组织，也能够融入社会生活，人们不再依托各类组织来构建各种社会关系，而是通过自发构建的价值互惠共享模式建立关联并实现自己的社会价值[33]。

（三）反映了年轻人对自由、个性的价值追求

传统的社会分工是社会进步的动力，分工提高了社会效率，但同时也对人的发展造成了诸多限制。传统分工的固定性与片面性，制约了人的全面发展和对多样性的追求，造成了对人的压迫并制约了人的自由。即使到了物质文明高度发达的今天，大多数人仍然无法摆脱在狭窄的范围内和孤立的地点发展的命运，大多数人仍然将工作视为谋生的手段，无暇顾及对自由的向往。与传统分工不同的是，"斜杠青年"的多重职业身份大多是以职业兴趣或职业专业为基础，人们可以将自己的时间与精力分配于多个职业，体会不同的职业生活，人们不再受限于单一的职业与身份的束缚，可以在多个领域自由流动。"斜杆青年"从固定的工作场所和固定的工作时间中解脱出来，拥有更高的工作自主性，能够将工作与兴趣结合起来，工作不再是维持生存的手段，而是实现自由与自我发展的重要

途径。

同质性是传统社会分工带来的另一影响,吴玲等(2018)认为同一性是资本逻辑与技术理性共同作用的结果:资本逻辑会挤压个性的生存空间——货币与金钱是资本逻辑在现实生活中的体现,人们对金钱的追求抹平了一切事物的特性与差别,继而抹杀了人的个性。强大的资本逻辑在技术理性的助力下,使同一性全面渗透于人类社会,尤其是在文化意识领域,导致了过度的单向思维。"斜杠青年"是对社会同一性的抵制,多重职业身份者依托职业兴趣与职业专长进行的职业组合,会形成千人千面的职业特征,多样化的职业结构会破除人们的固化思维,体现了每一个个体对职业发展的追求,工作成为彰显个性的手段,同一性正在被个性化所取代。

(四)去专业化给组织管理带来了挑战

"斜杠青年"的产生与快速增长并非偶然,而是社会发展的必然现象。工业革命以来以科学管理为代表的管理范式将专业化分工提升到前所未有的高度,专业化的优势在于能够提高人员的熟练程度、减少工作转换的时间损耗、便于使用专用设备和降低人员培训成本,现代组织任务设计与工作分工越来越细化,专业化也因此成为提升组织效率的关键驱动因素。西方学者将专业化界定为一个有特定的相似制度与意识观念的职业群落,体现了不同职业身份的排他性与专业化,使每个职业都存在相应的壁垒[36]。传统职业结构中,专业化是职业发展的基本路径,在单一的职业通道内按照专业化程度进行纵深发展是最常见的职业发展范式,"专"成为职业发展目标,也是大部分组织制定人力资源制度和开展人力资源管理工作的依据。

"斜杠青年"具有多重职业身份,去专业化成为多重职业身份者最显著的特点,"斜杠青年"们以发展多重职业为目标,通过学习和掌握多项技能拓宽职业宽度,但同时职业深度受到明显限制。多重职业身份者的职业道路变得更加扁平化,"多且泛"的模式取代了"精且深"的模式,这对组织的人力资源管理工作提出了巨大挑战。

第四节　多团队成员身份的组织基础

一、团队的基本概念

（一）团队的定义

随着全球化与科技的快速发展，组织为了应对日益加剧的环境变化，更好地适应外部的激烈竞争，开始广泛采用团队作为工作组织形式和承担组织任务的主要载体[37]。一项综合调查表明，在《财富》1000强的公司中，约有79%的公司都采用了不同形式的自我管理团队（Self‑managing Teams），团队正成为现代商业组织的基石[38]。

关于团队的定义，学者们提出了不同的看法，其中一些较有代表性的定义如：卡岑巴赫和斯密斯（Katzenbach & Smith，1993）认为团队是由具有共同目标、技能互补、工作相互协作的少数人组成的群体；柯克曼（Kirkman）等（2000）也认为团队是由部分人组成的群体，团队成员技能互补并拥有共同的目标，同时为彼此的工作负责[39]。科恩和贝利（Cohen & Bailey，1997）以前人的相关研究为基础，将团队定义为由任务相互依赖的人构成的集体，这些成员共同对任务结果负责，对外表现为一个整体，按此定义，那些工作相对独立的员工，即使在一起工作或在组织中表现为一个正式组织单元，也不能称为团队[40]。科兹洛夫斯基和贝尔（Kozlowski & Bell，2003）对团队的定义则更为全面和具体，他们认为团队是一个为完成组织的相关任务而存在的群体，团队成员拥有共同的目标、需要进行交互并且各自的工作具有相互依赖性，团队是内嵌在组织中的单元，并且与其他单元有着交换关系，团队有其自己的边界，受到组织的相应约束[41]。

在团队的定义中会经常用到"群体"这个词，团队（Team）与群体（Group）是两个非常相似的概念，一般观点认为群体更为宽泛，团队是一种特殊的群体，强调任务的互依性、正式结构及时间跨度三个特征。巴尔金和蒙特马约尔（Balkin & Montemayor, 2000）认为，团队与群体最主要的区别在于群体成员是为了个体绩效目标而工作，而团队成员则是为了共同目标工作，并且相互依赖，并指出团队的规模通常在 2 ~ 25 人[42]。在理论研究与管理实践中，很多时候这两个概念并没有做严格区分，甚至在有些研究中两个概念是互换使用的。

尽管不同学者的定义方式与措辞有所差别，但大多数定义的内涵是类似的，综合这些观点，团队有以下几个显著特点：一是团队是由具有共同目标的成员构成的群体，大家努力的方向一致；二是团队特别强调任务的互依性及由此带来的团队协作与支持；三是团队是被组织承认的正式结构，受到组织制度约束与管理。

（二）团队的类型

关于团队的类型，最常见的是根据团队成员的特征与工作方式来进行分类，如科恩和贝利（1997）等将常见的团队分为工作团队（Work Teams）、平行团队（Parallel Teams）、项目团队（Project Teams）及管理团队（Management Teams）等。工作团队是组织的正式单元，在各类组织中应用最为广泛，团队成员大多是全职的且相对稳定，团队往往有明确的职责和清晰的边界。平行团队是从组织内其他单位（如正式团队）或岗位抽调人员组成的，以处理一些特殊的任务，平行团队与工作团队是并存的，员工往往是兼职形式，常见的如组织中的一些委员会、领导小组等。项目团队是员工在一定时间内以全职方式组成团队进行工作，且团队产出是无重复性的，团队在任务完成后有可能解散，人员回到原所属团队。管理团队则是成员共同协作在管辖范围内对下属单位和人员进行指导和管理。

任务特征是区分团队类型的另一个重要依据，且这种分类方式对团队的理论研究更有价值。根据团队的任务特征，施泰纳（Steiner, 1972）将团队分为四种类型：离散型（Disjunctive）、组合型（Conjunctive）、叠加型（Additive）与自主型（Discretionary）[43]。离散型任务团队是指团队的产出往往取决于个体绩效最优者，这种团队往往将任务交给某一个成员，或者团队所有成员都从事相同的工作并以最优者产出为准，如团队决策任务。组合型任务团队是指团队每个成员都担任不同角色，为团队产出做出不同贡献，任务的完成需要成员间的配合与协作，如果团队成员出现短板则会影响团队整体绩效，因此这种任务往往受到团队中绩效最低者的影响，如流水线装配团队、项目研发团队等。叠加型任务团队是指团队每个成员的绩效之和进行加总可以得到团队整体绩效，团队成员间的交互性较低，彼此较为独立，如计件小组、搬运小组等。自主型任务团队则是指可以由团队自主决定成员的工作分工及协作模式。

（三）团队互依性

互依性（Interdependence）是团队的重要特征之一，也是工作团队区别于一般群体的重要依据。萨兰西克等（Salancik et al.，1978）认为任务互依性是当团队成员想要完成一项工作任务或达成某一绩效目标，无法完全独自掌控其所需要的职能活动、信息或资源时，必须依赖他人来完成工作任务或实现工作目标，因此团队成员之间会产生相互依赖的关系[44]。谢伊等（Shea et al.，1987）将任务互依性定义为由团队任务驱动的团队成员之间的交互程度[45]。大卫等（David et al.，1989）将任务互依性定义为在完成任务过程中团队成员之间相互依赖与相互支持的程度[46]。韦格曼（Wageman，1995）将任务互依性定义为团队成员必须相互依靠才能完成工作的程度，任务互依性会因任务不同而有较大差异，一个人即可独立完成全部工作的个体性任务的互依性基本为零，而诸如产品设计等需要团队成员高度协作与配合的任务则具有很高的互依性[47]。斯图尔特等（Stewart et al.，2000）将互依性定义为团队成员为完成任务而进行合作和互动的程度[48]。

由以上列举的相关定义内容可见，学者们对任务互依性的认识是较为一致的，均强调任务驱动下的团队成员交互与合作。综合这些定义，我们认为任务互依性是团队成员为了达成团队目标而相互依赖与交互的程度。任务互依性产生的基本背景是社会分工越来越细而团队任务的复杂性则不断增加，以往能够由个体独立完成的工作越来越少，团队成员必须紧密合作，任务的完成除了自身努力外还很大程度依赖于他人的努力与彼此间的协作质量。

汤普森（Thompson，1967）根据团队的工作流程与成员间的合作程度，将任务互依性分为三种类型[49]：合并式互依（Pooled Interdependence）、顺序式互依（Sequential Interdependence）和互惠式互依（Reciprocal Interdependence）。合并式互依的相互依赖程度最低，员工在工作流程中与其他成员互动少，可以独自完成任务；顺序式互依是指团队中一个成员的工作产出是另一个成员的工作输入的依赖模式，成员之间的相互依赖程度较高；互惠式互依则是在工作中各成员之间相互反馈与调整，每个成员的产出都可能是其他成员的工作输入的依赖模式，互依范围最广。三种类型中，顺序式互依和互惠式互依体现了合作形态[50]。在现代团队尤其是知识团队中，互惠式互依的比重最大，尤其是很多知识团队的任务通常都具有复杂度高、知识密集的特征，需要依赖知识员工的高度交互与协作。

二、团队研究的两种基本假设

研究团队并将团队作为组织设计的重要方法已经有多年的历史，在多团队成员身份进入理论研究视野前，几乎所有关于团队的研究都是基于单一团队成员身份（Single Team Membership）假设的，即假定员工在一个时间段内只加入一个团队，并且会将自己所有的时间和精力聚焦于该团队的任务，没有其他团队任务的干扰。传统的团队研究几乎都默认员工是归属于唯一团队的，导致很多传统的团队相关概念并没有特别的指向性，比如团队认同、心理所有权、团队信任、任务绩效、周边绩效等概念，在单一团队成员身份情境下都是默认以员工所在唯一团队为对象和载体的。多团队成员身份情境的出现，颠覆了传统团队研究的基本假设，很多团队相关的概念内涵需要更新，与团队相关的理论也需要进一步发展。

单一团队成员身份与多团队成员身份是两种不同但有关联的团队情境，单一团队成员身份是多团队成员身份的基础，但多团队成员身份的结构与关系与单一团队成员身份有明显差别。团队研究的两种不同基本假设可以从个体、团队与组织等不同层面进行比较。

（一）个体层面的比较

传统的基于团队情境的个体研究，如研究团队成员的情感认知、工作行为、相互协作、上下级关系、工作产出等，都是以员工归属于唯一所属团队为基本前提的。按照唯一归属的原则，组织表现为层级制结构，每个员工只有唯一上级并逐级关联构成线性的指挥链。处于单一团队成员身份情境下的员工，首先是拥有简单的工作关系与稳定的工作结构，包括唯一的上级、确定的工作伙伴、明确的工作任务、清晰的工作要求、稳定的工作氛围等，对团队成员个体的研究通常都是基于这些稳定的工作关系与结构的，比如涉及领导行为、同事信任、任务绩效等概念时，都是默认指向员工所属的工作团队，传统研究不需要进行特别说明。而多团队成员身份情境下，员工的多重归属关系使个体的工作结构和工作关系变得异常复杂，比如会面对多个不同的上级、不同的工作协作群体，以不同的工作规范完成多种不同的工作任务，身处多种不同的工作氛围等。多团队成员身份情境相当于将若干个单一团队成员身份情境叠加在一起，传统团队情境下与个体认知、关系、行为和产出相关概念的指向性都变得模糊，所有概念都会对应产生多样性问题，因此在多团队成员身份情境下需要对传统概念进行更新，尤其是要强调概念的对象、载体或指向性，明确研究对象及对应的情境。

另外，多团队成员身份会导致个体出现时间与精力碎片化问题。在团队工作中，团队成员的时间和精力是基本的工作资源，比如当员工投入在团队工作上的时间不到50%时，就会显著降低思维的创新性[51]，因为员工缺乏足够的时间思考与践行。时间与精力碎片化还会带来损耗问题，如有调查表明，当一个成员同时参与三个团队时，同时在每个团队上分配的精力只有23%，这表明在不同团队间转换也耗费了个体大量的时间和精力[6]。单一团队成员身份情境下的个体也会面临多任务的时间与精力竞争问题，但这些任务往往都是同一主管下达的，在进行任务资源分配与任务进度管理时，会进行统筹管理，尽可能降低碎片化问题带来的负面影响。因此，单一团队成员身份情境下，员工的时间与精力是相对完整的，可以保证团队投入的持续性与投入强度。时间与精力的碎片化会带来一系列心理和生理上的负面影响，个体在两种不同情境下的心理与生理反应机制也有所差异。

（二）团队层面的比较

单一团队成员身份与多团队成员身份两种不同的研究假设，首先会形成不同的团队内部结构。结构是事物的存在形式，是事物自身各种要素之间相互关联与相互作用的方式，包括构成事物要素的数量比例、序列、组合方式和发展变化等。单一团队成员身份情境下，团队成员的数量是相对稳定的，成员以岗位职责为分工的基础，通过制度规范和主管协调进行任务协作，每个成员的角色相对固定，相互间的协作模式也是稳定的，团队内部结构清晰而稳定。多团队成员身份情境下，团队有部分成员会同时参与其他团队，在本团队中投入不确定，并且成员所参与的不同项目周期不同，导致团队实际成员数量呈动态变化，人员的动态性导致内部协调的动态性，成员间的协作除了依赖主管的协调和统筹安排外，更需要基于成员间互信与沟通的自主协调，固化制度的协调效果大打折扣，成员间的关系也会动态发展和调整，团队内部结构表现出明显的动态性与模糊性。

团队结构的动态性与模糊性是现代组织变革的必然趋势，但也对团队内部协调过程带来了很多挑战。首先，传统团队协调主要依靠团队主管的安排与制度规范的约束，动态结构团队内部的协调更强调成员间的互信，以及更加快速和顺畅的沟通，通过构建内隐协调机制，成员间能够准确预判相互需求并及时提供所需支持，这种自主灵活的协调方式能够有效弥补传统团队主管反应延迟及制度刚性过强的不足，提高协调的效率。

其次，团队内部结构的动态性与模糊性也使团队边界变得模糊，单一团队成员身份情境下，稳定的团队结构会形成清晰的团队边界，包括团队的制度边界与成员的心理边界都是非常确定的，可以清晰区分团队内部与外部，团队依托边界进行内部管理与外部交互，在维持内部一致性的同时获得团队生存和发展所需要的资源。多团队成员身份情境下，团队边界尤其是成员的心理边界变得模糊，跨界员工对于"我是谁"这个问题的认知变得复杂，而且由于员工同时参与多个团队是得到组织授权和认可的，传统的团队边界管理措施开始失效，比如边界缓冲失去了制度合法性而无法抵御其他团队对本团队内部过程的干扰。

（三）组织层面的比较

单一团队成员身份是组织层级制结构的基础，每个员工只归属于一个团队，有一个确定的上级与若干确定的同级成员，组织中的每个个体与其上级都有明确的对应关系，而且权力关系与责任划分明确，利于决策、领导、指挥和监督，基于线性的指挥链和组织中不同层级人员分布，形成了一个"金字塔"的组织结构。层级结构有森严的层次等级，通过指挥链来贯通组织的最高层岗位到最底层岗位，上下之间有统一的直线关系。多团队成员身份使个体与团队之间变成多对多的关系，传统层级结构的指挥链数量成倍数增长，最高层岗位到最底层岗位之间的通路数量也成倍增加，层级结构的基层由链状结构变成网状结构，而且不同团队网络之间存在重叠和交叉，组织管理的复杂性大大增加。

三、相似的其他概念

(一) 多群体成员身份

安德里森等 (Andriessen et al. , 2012) 在研究种族歧视问题时提出了多群体成员身份 (Multiple Group Membership) 的概念[52]，但并未对该概念给出明确定义，只是强调以往研究歧视问题时多聚焦于对少数群体的歧视，如工作场所中的女性、少数民族等。实际上，判断多数还是少数的标准往往是多样的，并且大多数人都是同时有多种群体标识，如性别、年龄、种族、肤色、宗教等，一个人在所属的某个群体是多数 (如职场男性)，但在所属的另一个群体可能就是少数 (如残疾人)，因此多群体成员身份才是真实的社会情境。从作者的研究内容可以看出，多群体成员身份是以个体同时所属的多个社会群体为背景的，而这些社会群体通常是以人们的人口统计学等一般社会属性来区分的松散群体，也对应人们的多个一般社会身份。

在管理学的研究中，群体与团队两个概念非常相似，甚至在一些研究中团队与群体两个概念是互换使用的。严格意义上，群体比团队的概念更为宽泛，或者说团队是一种特殊的群体，团队强调任务的互依性、正式结构及时间跨度三个特征，而群体则更加松散。例如，科兹洛夫斯基 (Kozlowski) 等 (2003) 就认为团队是一个为完成组织的相关任务而存在的特殊群体，团队成员拥有共同的目标、需要进行交互并且各自的工作具有相互依赖性，团队是内嵌在组织中的单元，并且与其他单元有着交换关系，团队有其自己的边界，受到组织的相应约束[41]。巴尔金 (Balkin) 等 (2000) 认为团队与群体最主要的区别在于群体成员是为了个体绩效目标而工作，而团队成员则是为了共同目标而工作，并且相互依赖，并指出团队的规模通常为 2 ~ 25 人[42]。总结群体与团队的区别主要有三点：一是团队是由具有共同目标的成员构成的群体，大家努力的方向一致，而群体往往没有共同目标指引；二是团队特别强调任务的互依性及由此带来的团队协作与支持，群体成员之间则是松散的关系，甚至只是心理上的联结；三是团队是被组织承认的正式结构，受到组织制度约束与管理，群体则并非一个正式的组织单元。

根据对团队和群体的对比分析可见，多群体成员身份与多团队成员身份的概念形式相似，核心差异在于概念基础不同，多群体成员身份概念是基于一般社会群体分类的，概念的边界较为模糊，而多团队成员身份概念则是基于组织中的正式工作团队，边界与结构都相对清晰。

（二）多团队系统

多团队系统（Multi – Team Systems，MTS）是由马蒂尔（Mathieu）等（2001）提出的概念，指"两个或两个以上的团队为应对突发情况，并以实现一系列目标而相互作用构成的系统，系统内的每个团队有着各自不同的近期目标，但在一个共同的终极目标的指引下相互作用，并且每个团队在输入、过程和输出上与系统中的至少一个其他团队存在互依关系"[2]。通过定义可知，多团队系统的基本构成单元是团队而非个体，团队间通过一定程度的互依性联系起来完成共同目标，比如在社会危机事件中，各部门共同协作应对危机就是典型的多团队系统模式。马蒂尔等总结的多团队系统的五个基本特征分别是多个团队、独特性、互依性、开放性、目标性[53]，强调多团队系统是由两个以上团队构成的，是一种不同于组织和团队的特殊实体，团队间相互依赖，是开放性的系统，各团队在统一目标下又有各自的不同目标。

对多团队系统的研究目前主要集中在四个方面：多团队系统中的领导团队与绩效的关系、复杂情境下多团队系统的协同运作问题、产品研发多团队系统中团队间的互依性研究，以及其他一些零星针对多团队系统绩效影响机制的研究。综合来看，多团队系统的研究维度和视角较多，但是由于样本选择较为困难，以及理论发展未吸引足够关注，目前相关研究进展较为缓慢[2]。

从更加宏观的层面看多团队成员身份模式，由一些同时参加多个团队的员工联结起来的多个团队在形式上也构成了一个由多个团队构成的系统，但这些团队之间可能并不存在共同目标，同时相互之间的依赖性较低或无互依性，因此多团队成员身份模式与多团队系统形似而神非。

（三）多项目管理

多项目管理（Multiple Projects Management，MPM）是指一种用于并行管理多个项目的组织环境[54]。类似的概念如多项目环境（Multi－Project Setting，MPS）也是强调同时执行多个项目的情境，多个项目共享人力资源与管理系统[6]。很多组织在职能层面都采用多项目管理来协调多个项目，以改进管理过程和结果的有效性。多项目管理有多种不同的项目组织设置方式，如单一项目管理、多项目群管理、组合管理等。要想开展有效的多项目管理，需要从多个环节进行设计和有效管理，如在组织输入环节要配置合格的项目经理、选择正确的项目实施方法、进行有效的资源分配及给予各种充分的管理支持等，在内部过程环节要进行有效的项目间沟通协作、提升项目经理的胜任能力，在输出环节则要有效利用组织各类资源。此外，进行有效的项目分类管理和项目优先级管理也是多项目环境情境下提升项目有效性的重要手段。

多项目管理更关注的是所有项目目标的实现，不仅要解决单个项目管理存在的各种问题，还要着重解决多个项目同时进行而产生的各种矛盾和问题，尤其是在组织资源有限的前提下，多项目冲突会更加严重，如项目经理与职能部门的矛盾、各项目之间的资源需求矛盾、多项目导致的整体管理效率下降等问题。

富鲁卡瓦（Furukawa，2016）将多团队成员身份看作多项目管理情境下的一种工作组织模式，用来应对多项目管理过程中资源短缺的问题。从概念层次看，多项目管理是组织为了整合资源完成多个项目目标而构建的一种工作情境，团队是各个项目乃至子项目的实施主体，而员工又是构成团队的单元，多团队成员身份的层次要明显低于多项目管理。而且，多项目管理侧重解决宏观层面的统筹协调问题，多团队成员身份则更多聚焦团队之间与团队内部的结构性和关系性问题。

（四）多身份

多身份研究源于社会学和心理学领域，是在社会流动性与社会多样性日益增强及社会结构日渐复杂的背景下逐渐发展起来的一项研究。人是一系列身份的集合，而身份是人的自我概念，传统的身份都是基于稳定和本地化情境的，现代社会中人的自我概念更加宽泛并且变化更快,并且不同的自我概念之间会产生相互影响,形成了多身份的复杂结构。身份及多身份研究是基于身份会影响人的行为这一基本逻辑,而对身份的认同程度更是代表了该身份对个人的重要性,也影响了身份对行为的影响强度[55]。

关于多身份的影响目前大致有两类观点:正面观点通常认为多身份会提高自我复杂性,有利于提高自我效能感及获得更加广泛的认知与社会支持;负面观点则强调多身份会带来身份过载与身份冲突,并造成心理与生理的压力。关于多身份是如何产生影响的也有不同观点,有研究认为多身份是独立发挥作用[56],每个身份在特定情境下凸显并独立产生影响,也有研究认为多个身份会同时凸显并共同发挥作用[57]。近年来,随着对多身份研究的不断深入,强调多身份并存和相互影响并共同发挥作用的观点更加主流,并产生了诸如多身份网络、身份复杂性、身份冲突与身份协同、多重认同等新的概念,极大丰富了多身份的研究。关于多身份的一般研究主要聚焦于多身份结构、多身份关系及多身份的影响三个方面,多身份结构研究集中于不同身份的层次、类型、凸显方式及形成的系统结构,如身份复杂性研究等,多身份关系研究主要聚焦于身份冲突与身份协同的成因与影响,多身份的影响则主要关注多身份对个体幸福感和工作表现的影响机制。

身份的来源通常有两种:一是基于特定角色产生的身份,如男性、父亲这类一般社会身份;二是基于特定群体归属产生的身份,如某个组织、部门或团队成员这类特定身份。员工同时参与多个工作团队,构成了一种获得多个身份的特殊制度环境,员工在每个团队中都有特定的角色并归属于该团队,无论是基于角色还是基于群体归属,都会获得一个对应身份且该身份是得到组织制度承认和保护的。需要指出的是,目前多身份的研究大多都是基于一般的社会身份,一般社会身份具有弹性大、约束弱、自主性强等特点,而基于制度的组织或团队成员身份往往具有刚性强、约束多、自主性低等完全相反的特征。因此,多团队成员身份基础上产生的多身份是一种特殊的、情境化的多身份结构,一般多身份研究的结论和相关理论是否适用于特殊情境与结构尚不得而知,有待进一步探索和深化。

（五）多任务

多任务是指个体同时执行多项任务的活动过程，理解多任务需要考虑两个要素：时间和任务。时间是指多任务状态持续的周期或时长，例如，心理学研究的多任务大多发生在瞬间或短期内，而项目管理中的多任务周期可能按周甚至月计算，因此要根据研究具体情境和任务特点确定多任务的时间周期。任务则是一个很难清晰界定的概念，而且任务往往还包含一系列子任务，如何界定任务的颗粒度也是理解任务的重要因素。沃勒（Waller，1997）在区分任务与子任务时主要根据对最终任务目标的影响程度，将任务界定为根据被赋予或被界定的职责划分的工作内容，其绩效直接反映了任务目标的达成程度，而子任务则是为了完成职责的一系列有关活动，但子任务绩效并不直接决定任务目标的达成[58]。

鉴于多任务构成要素的不确定性，不同学科领域所关注的多任务活动，内涵与研究范式都不太一样，例如，心理学与认知科学对多任务的研究大多是针对短时间内个体执行多任务的心理和生理的变化机制，并通常有并发多任务与多任务转换两种研究范式，而组织行为学的多任务研究偏重多任务模式的成因与影响。有观点认为，受大脑机能所限，人不太可能真正并行执行多项任务，多任务活动本质上还是任务转换，只是转换周期较短且转换频率较高，甚至有的转换是在瞬间完成的。

在组织管理情境下，多任务活动也是以任务转换为主要分析范式。很多人根据直觉认为多任务模式的效率会更高，可以通过多任务模式消除线性安排任务时的等待时间，提高时间的利用率，但理论研究结论表明多任务的负面效应占比更大，包括增加多任务者的认知负担与认知冲突、造成信息丢失与信息损耗、提高错误率、降低学习和任务绩效等。

多团队成员身份提供了一种特殊的多任务情境，员工在每个团队中都承担至少一项任务，甚至是多项任务，因此员工同时承担的任务数会等于或大于同时参与的团队数量，与一般多任务不同的是，承担多任务的员工需要同时接受不同团队的命令和安排、协调对接多个团队、适应不同的工作规范与要求、完成不同甚至相悖的任务目标等。由此可见，多团队成员身份情境下的多任务模式比心理学或认知科学研究的去情境化和泛主体化的一般多任务模式要复杂得多。

本章参考文献

［1］Hobday M. The Project – Based Organization：An Ideal Form for Managing Complex Products and Systems ［J］. Research Policy, 2000, 29（7）：871 – 893.

［2］肖余春，李伟阳. 团队管理研究新视野——MTS 理论研究综述［J］. 外国经济与管理, 2012, 34（6）：33 – 40.

［3］Lipnack J, Stamps J. Virtual Teams：The New Way to Work ［J］. Strategy & Leadership, 1999, 27（1）：14 – 19.

［4］O'leary M B, Mortensen M, Woolley A W. Multiple Team Membership：A Theoretical Model of Its Effects on Productivity and Learning for Individuals and Teams ［J］. Academy of Management Review, 2011, 36（3）：461 – 478.

［5］Mortensen M, Woolley A W, O'Leary M. Conditions Enabling Effective Multiple Team Membership ［C］// Crowston K, Sieber S, Wynn E.（Eds.）Virtuality and Virtualization, Boston：Springer, 2007：215 – 228.

［6］Zika – Viktorsson A, Sundstrom P, Engwall M. Project Overload：An Exploratory Study of Work and Management in Multi – Project Settings ［J］. International Journal of Project Management, 2006, 24（5）：385 – 394.

［7］Smith – Lovin L. Self, Identity and Interaction in an Ecology of Identities ［M］. Advances in Identity Theory and Research, US：Springer, 2003：167 – 178.

［8］Milgrom P R, Roberts J. Economics, Organization and Management ［M］. Englewood Cliffs, NJ：Prentice – Hall, 1994.

［9］Edmondson A C, Nembhard I M. Product Development and Learning in Project Teams：The Challenges are The Benefits ［J］. Journal of Product Innovation Management, 2009, 26（2）：123 – 138.

［10］Pratt M G, Forman P O. Classifying Managerial Responses to Multiple Organizational Identities [J] . The Academy of Management Review, 2000, 25 (1): 18 – 42.

[11] O'leary M, Mortensen M, Woolley A. Working Together Effectively Before It All Goes Downhill [C] . IESE Insight, Third Quarter, 2010 (6): 50 – 56.

[12] Beckman C M. The Influence of Founding Team Company Affiliation of Firm Behavior [J] . Academy of Management Journal, 2006, 49 (4): 741 – 758.

[13] Gibson C B, Birkinshaw J. The Antecedents, Consequences, and Mediating Role of Organizational Ambidexterity [J] . Academy of Management Journal, 2004, 47 (2): 209 – 226.

[14] Amabile T, Mueller J. Studying Creativity, Its Processes, and Its Antecedents [C] // Zhou J, Shalley C E. (Eds.) Handbook of Organizational Creativity: NJ: Lawrence Erlbaum Associates, 2008: 33 – 64.

[15] Chan K Y. Multiple Project Team Membership and Performance: Empirical Evidence from Engineering Project Teams [J] . South African Journal of Economic and Management Sciences, 2014, 17 (1): 76 – 90.

[16] 段光, 杨忠. 知识异质性对团队创新的作用机制分析 [J] . 管理学报, 2014, 11 (1): 86 – 94.

[17] Hopp W J, Van Oyen M P. Agile Workforce Evaluation: A Framework for Cross – Training and Coordination [J] . IIE Transactions, 2004, 36 (10): 919 – 940.

[18] Mark G, Gonzalez V M, Harris J. No Task Left Behind? Examining the Nature of Fragmented Work [C] // Proceedings of the SIGCHI Conference on Human Factors in Computing Systems, Portland, OR: ACM, 2005: 321 – 330.

[19] LePine J, Podsakoff N, LePine M. A Meta – Analytic Test of the Challenge Stressor – Hindrance Stressor Framework: An Explanation for Inconsistent Relationships among Stressors and Performance [J] . Academy of Management Journal, 2005, 48 (5): 764 – 775.

[20] Van de Brake H J, Walter F, Rink F A, et al. The Dynamic Relationship

Between Multiple Team Membership and Individual Job Performance in Knowledge – Intensive Work ［J］. Journal of Organizational Behavior, 2018, 39（1）: 1219 – 1231.

［21］Brotheridge C M, Lee R T. Testing A Conservation of Resources Model of The Dynamics of Emotional Labor ［J］. Journal of Occupational Health Psychology, 2002, 7（1）: 57 – 67.

［22］Postrel S. Multitasking Teams with Variable Complementarity: Challenges for Capability Management ［J］. Academy of Management Review, 2009, 34（2）: 273 – 296.

［23］Maynard M T, Mathieu J E, Rapp T L, Gilson L. Something（s）Old and Something（s）New: Modeling Drivers of Global Virtual Team Effectiveness ［J］. Journal of Organizational Behavior, 2012, 33（3）: 342 – 365.

［24］Wilson J M, Goodman P S, Cronin M A. Group Learning ［J］. Academy of Management Review, 2007, 32（4）: 1041 – 1059.

［25］Cronin M A, Weingart L R. Representational Gaps, Information Processing, and Conflict in Functionally Diverse Teams ［J］. Academy of Management Review, 2007, 32（3）: 761 – 773.

［26］Bunderson J S, Boumgarden P. Structure and Learning in Self – managed Teams: Why "Bureaucratic" Teams Can Be Better Learners ［J］. Organization Science, 2010, 21（3）: 609 – 624.

［27］Kenis P, Knoke D. How Organizational Field Networks Shape Interorganizational Tie – Formation Rates ［J］. Academy of Management Review, 2002, 27（2）: 275 – 293.

［28］叶雨婷. 大学里的"斜杠"青年 ［N］. 中国青年报, 2019 – 03 – 04.

［29］谢俊贵, 吕玉文. 斜杠青年多重职业现象的社会学探析 ［J］. 青年探索, 2019（2）: 37 – 48.

［30］王玉香, 玄铮. "希望青年"职业选择的本体性研究 ［J］. 中国青年研究, 2019（7）: 107 – 112.

［31］李强, 叶欢, 姚瑾. 多重职业背后的"斜杠青年"现象之思 ［J］. 教

育教学论坛, 2019 (14): 1 – 3.

[32] 戴维, 周宁. 斜杠效应: 一个新兴的研究领域 [J]. 心理研究, 2018, 11 (1): 52 – 59.

[33] 吴玲, 林滨. "斜杠青年": "多向分化潜能者" 的本质与特征 [J]. 思想理论教育, 2018 (6): 99 – 105.

[34] 朱颖. "斜杠青年" 的产生逻辑及多职业路径塑造 [J]. 人民论坛, 2019, 9 (1/2): 100 – 101.

[35] Sliter M T, Boyd E M. Two (or Three) Is Not Equal to One: Multiple Jobholding as A Neglected Topic in Organizational Research [J]. Journal of Organizational Behavior, 2014, 35 (7): 1042 – 1046.

[36] Jhony C Y N, 邵丹慧, 贾良定, 谭清美. 一群去专业化的人——斜杠青年的事业发展研究 [J]. 中国人力资源开发, 2018, 35 (6): 109 – 120.

[37] Gordon J. Work Teams: How Far have They Come? [J]. Training, 1992 (29): 59 – 65.

[38] Druskat V U, Wheeler J V. How to Lead a Self – managing Team [J]. IEEE Engineering Management Review, 2004, 32 (4): 21 – 28.

[39] Kirkman B L, Shapiro D L. Understanding Why Team Members Won't Share: An Examination of Factors Related to Employee Receptivity to Team – based Rewards [J]. Small Group Research, 2000, 31 (2): 175 – 209.

[40] Cohen S G, Bailey D E. What Makes Teams Work: Group Effectives Research from the Shop Floor to the Executive Suite [J]. Journal of Management, 1997, 23 (3): 239 – 290.

[41] Kozlowski S W J, Bell B S. Work Groups and Teams in Organizations [C] // Borman W C, Ilgen D R, Klimoski R J. (Eds.) Handbook of Psychology: Industrial and Organizational Psychology, London: Wiley, 2003: 333 – 375.

[42] Balkin D B, Montemayor E F. Explaining Team – based Pay: A Contingency Perspective Based on the Organizational Life Cycle, Team Design, and Organizational Learning Literatures [J]. Human Resource Management Review, 2000, 10 (3):

249 – 269.

[43] Steiner I D. Group Process and Productivity [M]. New York: Academic Press, 1972.

[44] Salancik G R, Pfeffer J. A Social Information Processing Approach to Job Attitudes and Task Design [J]. Administrative Science Quarterly, 1978, 23 (2): 224 – 253.

[45] Shea G P, Guzzo R A. Groups as Human Resources [C] // Rowland K M, Ferris G R. (Eds.) Research in Personnel and Human Resources Management. Greenwich, CT: JAP Press, 1987: 323 – 356.

[46] David F R, Pearce J A, Randolph W A. Linking Technology and Structure to Enhance Group Performance [J]. Journal of Applied Psychology, 1989, 74 (2): 233 – 241.

[47] Wageman R. Interdependence and Group Effectiveness [J]. Administrative Science Quarterly, 1995, 40 (1): 145 – 180.

[48] Stewart G L, Barrick M R. Team Structure and Performance: Assessing the Mediating Role of Intrateam Process and the Moderating Role of Task type [J]. Academy of Management Journal, 2000, 43 (2): 135 – 148.

[49] Thompson J. Organizations in Action [M]. New York: Mcgraw – Hill, 1967.

[50] 张正堂, 王亚蓓, 刘宁. 团队薪酬计划的设计要素与模式 [J]. 经济管理, 2012, 34 (8): 89 – 96.

[51] Utterback J M. The Process of Technological Innovation within the Firm [J]. Academy of Management Journal, 1971, 14 (1): 75 – 88.

[52] Andriessen I, Nievers E, Dagevos J, et al. Ethnic Discrimination in the Dutch Labor Market: Its Relationship With Job Characteristics and Multiple Group Membership [J]. Work and Occupations, 2012, 39 (3): 237 – 269.

[53] Mathieu J E, Marks M A, Zaccaro S J. Multi – team Systems [C] // Anderson N, Ones D S, Sinangiland H K, et al. (Eds.) Organizational Psychology:

Handbook of Industrial Work and Organizational Psychology. London: Sage, 2001: 289 – 313.

［54］Furukawa C. Dynamics of a Critical Problem – Solving Project Team and Creativity in A Multiple – Project Environment for Creativity ［J］. Team Performance Management: An international Journal, 2016, 22（1/2）: 92 – 110.

［55］Hillman A J, Nicholson G, Shropshire C. Directors' Multiple Identities, Identification, and Board Monitoring and Resource Provision ［J］. Organization Science, 2008, 19（3）: 441 – 456.

［56］Anteby M, Wrzesniewski A. In Search of the Self at Work: Young Adults' Experiences of A Dual Identity Organization ［J］. Research in the Sociology of Work, 2014（25）: 13 – 50.

［57］Ashforth B E. Identity: The Elastic Concept ［C］// Bartel C A, Blader S, Wrzesniewski A.（Eds.）Identity and the Modern Organization. Mahwah, NJ: Erlbaum, 2007: 85 – 96.

［58］Waller M J. Keeping the Pins in The Air: How Work Groups Juggle Multiple Tasks ［C］.// Beyerlein M M, Johnson D A.（Eds.）Advances in Interdisciplinary Studies of Work Teams. Stamford, CT: JAI Press, 1997: 217 – 247.

第二章　多团队成员身份的结构与情境

第一节　多团队成员身份的基本结构要素

奥莱利等（2011）对多团队成员身份的定义非常简单，将其直接描述为"员工同时参与多个工作团队"[1]，为了进一步分析多团队成员身份的影响，他们对多团队成员身份概念的几个基础要素进行了澄清。

首先是团队要素。团队是多团队成员身份概念的基础，团队的构成单元是个体员工，这些员工会为了共同的团队目标而一起协同工作，分担责任并分享工作成果带来的奖惩，并且将彼此视为团队的一员，相互间有很强的依赖性。这是组织中的工作团队区别于一般的社会群体或组织中其他松散团队的重要依据。

其次是时间要素。多团队成员身份涉及特定时间周期内的员工参与团队的行为，相对短期的团队（如计算机紧急响应团队或医疗急诊室救治团队等），多团队成员身份模式的存续时间通常为1~2天，其影响也能够明确地被评估。长期存在的团队通常以数周或数月为存续单位（如软件开发团队等），多团队成员身份的持续时间也与团队周期相对应。因此，对多团队成员身份的理论研究需要充分考虑团队存续的一般情境与时间结构[2]。

在明确团队与时间要素的基本前提后，奥莱利等（2011）提出了多团队成员身份的两个基本结构维度——数量与多样性，这是两个不同但又相互关联的基本结构要素。

一、数量

数量这个要素在不同个体与团队层面的内涵是不同的。在个体层面，数量指的是一个员工在特定时间段内同时参与的团队数，定义简洁且内涵清晰，计量也比较直接客观。如图 2 - 1 （a）所示，员工 A 同时参与 T1、T2、T3 三个不同团队，在某段时期内同时是三个团队的成员，要接受三个不同团队主管的领导，要遵守不同团队的三种规范要求。个体同时参与的团队数量越多，对应的员工身份数和承担的任务数越多，员工的时间与精力碎片化程度也越高，因此，数量会对个体的工作表现产生重要影响。

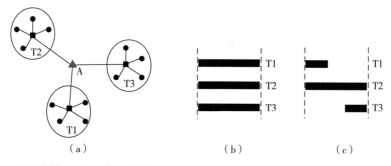

■ 团队主管　▲ 同时参与多团队者　● 团队一般成员

图 2 - 1　个体层面的结构

需要强调的是，由于不同团队的存续周期不同，在确定个体同时参与的团队数量时需要明确计量的起止时间，而且个体参与不同团队的起止时间不同，会导致多团队成员身份的结构不同。如图 2 - 1 （b）与图 2 - 1 （c）所示，图 2 - 1 （b）表示员工在周期内全程参与三个不同的团队，图 2 - 1 （c）也表示周期内员工同时参与三个团队，但员工参与团队 T1 与团队 T3 的时间并不重叠，员工事实上在大多数时间点是同时参与两个团队，甚至有段时间只参与一个团队。由此可见，研究数量维度必须要以特定时间为基础，并根据研究的需要进一步分析数量要素的结构。

在团队层面，数量被定义为一个目标团队的成员还同时参与的其他团队数量，这些团队是唯一不重合的，反映了团队以正式制度为基础，通过员工构建的对外联系的数量，而目标团队中同时还参与其他团队的成员数量代表了对外联系的通路数。团队层面数量的计量相对更为复杂，首先需要确定目标团队中还同时参与其他团队的成员数量，然后通过这些成员计量他们在某段时期内同时参加的团队数量，最后还要甄别这些团队中重叠的部分。如图2-2所示，以团队T1为目标团队，其成员A、B、C同时还参与其他团队，其中成员A还同时参与团队T2和团队T3，而成员B与成员C同时都参与了团队T4，由于B和C同时参与的其他团队是相同的，在计量时只计为1。

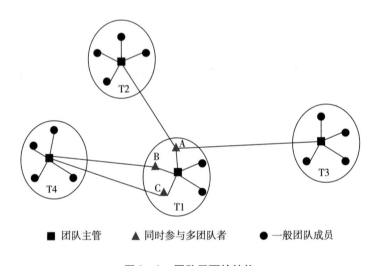

■ 团队主管 ▲ 同时参与多团队者 ● 一般团队成员

图2-2 团队层面的结构

在团队层面，数量还延伸出另一种含义，用来指目标团队中同时参与其他团队的员工数量，比如图2-2所示目标团队T1中同时参与其他团队的员工数量为3，体现了团队内部结构特征，同时参与其他团队的成员占比间接反映了团队结构的稳定性，也体现了团队的对外跨界联结的结构。

二、多样性

多样性是建立在数量基础上的，当员工同时参与多个团队，以及团队对外同时联结多个其他团队时，多样性便产生了。多样性可以分为内部多样性与外部多样性，多团队成员身份的多样性通常是指外部多样性，指员工同时参与的多个团队之间的差异性或者目标团队与其他团队之间的差异性。奥莱利等（2011）指出，多样性涉及的维度比较多，如任务多样性、技术多样性、地理位置多样性等，其中团队知识技能的多样性是一个比较重要的因素，也是传统团队多样性研究的重点内容。

多团队成员身份的多样性部分是团队结构带来的，部分是个体和管理行为导致的。结构方面，有些组织内部较为复杂且多样性程度本身较高，自然会导致多团队成员身份的多样性程度较高。行为方面，组织能够通过调整人员分配来增强或降低多团队成员身份的多样性程度，员工个体可以通过调整他们同时参与的团队数量来调整多样性程度，而团队则可以通过对成员的挑选来改变多样性程度，比如那些愿意在团队投入更多时间的成员会降低团队层面的多样性程度。

多团队成员身份提供了一种扩展多样性的有效情境。传统的多样性研究都是以团队边界为限，指团队内部成员之间在个体属性特征方面的差异程度[3]，团队内部多样性既包括个体在年龄、性别、种族等人口统计学特征方面的差异性，也包括个体的知识、价值观、人格等特征的差异性，学者们对团队内部多样性的研究焦点从早期的人口统计学等浅层次的多样性，逐渐转向个体的知识、价值观等深层次特征的多样性。多团队成员身份情境下，多样性概念会进一步分化为团队内部多样性与团队间多样性两个层次。

团队内部多样性仍然沿用传统概念，强调特定团队内部成员之间的差异性，但多团队成员身份情境下，团队成员个体属性更加丰富，除了传统的个体属性外，团队成员在身份数量、身份类型、团队投入时间、团队认知和情感等方面也会存在差异，这些都大大丰富了团队内部多样性的研究内容。

团队间多样性则是以团队属性为基础来衡量团队间的差异性。团队间多样性不再局限于团队边界内部，而是聚焦于团队间关系。团队属性与个体属性完全不同，常见的团队基本属性如团队规模、成立时长、团队职能等，较为复杂或抽象的团队属性如团队结构、团队知识、团队氛围、团队规范等，也可以作为比较团队间差异的要素，而且这些要素的作用往往更加重要。

按照传统团队多样性研究常用的"任务取向—关系取向"的分类依据[4]，结合团队活动的常见内容特点，团队间多样性可以进一步分为团队间知识多样性与团队间氛围多样性两个维度。

（1）团队间知识多样性是指员工同时参与的多个团队之间在任务内容、所用知识技能、所需经验信息等方面的差异，体现了员工的任务适应性。在团队每个成员所拥有的个人知识基础上，在成员互动过程中通过共享、吸收、整合与重构还会形成一些高嵌入性的情境知识，个体知识与情境知识共同构成了团队知识。每个团队的任务特征不同、成员个体知识不同、团队知识管理机制不同，导致不同团队的知识必然存在差异。员工在每个团队中都具有正式身份并承担具体任务，理解和运用各团队的知识是员工履职的必要条件。因此，团队间的知识差异一方面给员工带来更加丰富的知识资源，同时也给员工带来了压力。

（2）团队间氛围多样性指员工同时参与的多个团队之间在群体规范、价值观、管理风格等情境特征方面的差异，体现了员工的关系适应性。氛围的本质是个体在与组织情境交互过程中产生的对组织情境的共同心理认知，是一种相对持久的内部环境特征。团队氛围概念的内涵和外延都非常广泛，大多数研究都是将氛围与特定内容结合起来[5]，如创新氛围、信任氛围等。按照社会认知理论的观点，团队氛围决定了团队内部的交互方式与行为规则，会深刻影响团队成员的态度、动机和行为，激发人的行为反应[6]。员工同时参与多个团队，会同时受到不同团队氛围的影响，在不同团队中需要遵守相应的非正式制度并履行相应的行为规范，尤其是当这些规范要求不一致甚至相互矛盾时，员工可能会产生认知冲突并干扰正常行为。

第二节　多团队成员身份的其他结构要素

数量与多样性是体现多团队成员身份结构的两个基本要素，要完整体现多团队成员身份的结构特点，还需要描述更多的结构要素。目前多团队成员身份的理论研究几乎都是围绕数量与多样性两个维度来展开的，其他结构要素很少被开发和讨论。我们基于多团队成员身份的内涵，提出了几个除数量和多样性以外的其他结构要素。

一、时间结构

多团队成员身份情境下，每个团队的主管都会努力争取所辖员工在团队中投入的时间和精力最大化[7]。研究表明，员工对工作时间的分配方式不仅影响团队的绩效[8]，也会影响员工自身的综合产出[9]。如厄特巴克（Utterback，1971）研究发现，员工花在单个项目上的时间如果少于总工作时间的50%，员工的创新有效性就会显著降低[10]。齐卡—维克托森等（2006）研究发现，当员工同时参与三个团队时，平均分配在每个团队的精力占比只有23%[11]，这表明多团队成员身份会造成比较严重的时间和精力损耗，员工在不同团队之间的转换需要不断地调整聚焦内容，也需要消耗时间和精力。莫滕森等（2007）的一项调查表明，那些同时身处三个团队的员工，平均在各团队投入的工作时间比例为46%、25%和20%[12]，这表明在多团队成员身份情境下，大部分员工还是会有一个主要身份，并将大部分工作时间与精力投入其中，相对于主要的核心身份，在其他身份上投入的时间和精力都相对更少。

当员工同时参与多个团队时，他们的时间结构会有多种表现方式，例如，当一个员工同时参与四个团队时，那么他在四个团队投入的时间比例可能是70%、10%、10%、10%，也可能是25%、25%、25%、25%，造成时间分配结构不同的因素很多，可能是由于各团队的工作量与要求不同，也可能是员工对各团队的重视程度有差异。

多团队成员身份会导致员工的工作时间碎片化，员工需要将有限的工作时间划分成若干部分以应对不同团队的工作需要。简单来看，工作时间分配有均衡分配与非均衡分配两种方式：均衡分配是指员工将自己的工作时间平均分配，在每个团队中投入等量的时间与精力。非均衡分配则是有主有次地分配工作时间，在重点团队中投入更多的时间，非重点团队投入较少的时间，具体的时间分配比例则取决于团队任务的工作量、员工对各团队重要性的认知及员工对各团队的情感态度。

均衡分配或非均衡分配反映的只是员工在每个团队中投入的总时间的比例，但时间碎片化的影响更取决于碎片化的程度，可以通过最小时间单元及任务转换频率来表示。图2-3体现了两种不同的时间分配结构，图2-3（a）与图2-3（b）所示的两种模式中，员工在A、B、C三个团队中投入的时间总量是相近的，但图2-3（a）模式中员工在每个团队中投入的时间相对完整，最小时间单元相对较大，任务转换频率较低。图2-3（b）模式中最小时间单元更小，在工作时间总时长相同的情况下员工进行任务转换的次数更多，时间碎片化程度更高。由此可见，在总任务时间相同的情况下，最小时间单元与任务转换频率决定了时间碎片化程度，也更精确地反映了多团队成员身份的时间分配结构。

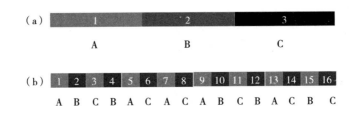

图2-3　时间分配结构

注：A、B、C为任务，1、2、3、……、16为时间段。

二、团队间关系

多重身份理论与身份复杂性理论指出，不同身份之间是存在层次高低之分的，并会形成特定的身份间关系。如拉马拉杰（Ramarajan，2014）在分析多重身份的结构时就提出了身份数量、身份独立性及身份层次三个结构要素，提出了并存型和压制型两种身份关系[13]。罗卡斯（Roccas）等（2002）则将多身份的结构分为交集式（Intersection）、支配式（Dominance）、分离式（Compartmental-ization）和融合式（Merge）四种[14]。多团队成员身份情境下员工的每个工作身份都是来自对应的团队，多重身份的关系与多团队之间的关系也有一定关联，借鉴最简单的双重身份结构中对团队关系的分类[15]，以及罗卡斯等（2002）对多重群体内身份关系的分析，可以将员工同时参与的多个团队的关系分为包含式、分离式与依赖式三种。

如图2-4所示，图2-4（a）为包含式结构，表示团队A是团队B的子团队，当员工同时参与的多个团队间存在包含关系时，多团队间的关系相对较为复杂，子团队的工作目标、工作规范、工作氛围及管理模式等都会受到母团队影响，子团队的独立性与自主性相对较低，多团队间的关系包括横向关系（平行团队间的关系）与纵向关系（母子团队间的关系）两个维度。图2-4（b）为分离式结构，表示团队A与团队B是完全独立的，包括人员、任务、结构、目标、过程等要素的相关性很小，团队间的关系相对比较清晰，横向关系即代表了多团队间的关系。图2-4（c）为依赖式结构，表示团队A与团队B有很强的相互依赖性，通常在人员、任务、目标等方面有一定的重叠性或关联性。

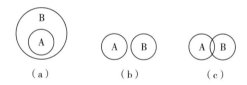

图2-4　团队间关系

三、其他要素

（一）工作自主性

工作自主性是工作特征的核心维度之一，是指组织或团队给予个体在工作安排、工作方式、工作资源获取等方面的自由、独立和裁量权的程度[16]，反映了员工在多大程度上能够自由、独立安排工作并制订工作计划。工作自主性包括方法自主性、计划自主性和标准自主性：方法自主性是指员工能够自行决定完成任务的方法和工具的程度，计划自主性指员工能够自行安排工作进度和工作时间的程度，标准自主性则是指员工能够自由修改或选择衡量工作绩效标准的程度[17]。

员工同时参与多个团队的基本前提是这些团队任务工作的可离度较高，员工可以脱离工作岗位而不影响工作的正常开展，如知识型员工所从事的工作大部分都是可离度较高的，员工可以在团队工作现场以外的地方正常开展工作，这也为员工同时参与其他团队提供了时间和空间机会。多团队成员身份情境下，高度的任务自主性会有利于员工更好地安排与协调不同团队的任务，尽量降低冲突。按照工作自主性的分类，计划自主性更为关键，在同时承担多个不同任务后，员工会面临不同主管的监督检查，拥有较高的计划自主性会让员工更合理地规划多任务。一是可以降低时间碎片化程度，保证工作时间完整性，尤其是对于知识密集型工作，完整的时间和完整的思考有利于提高工作有效性。二是可以减少任务冗余时间，对不同工作任务时间进行削峰填谷，减少任务等待时间并充分利用任务转换间的空白时间段。三是降低任务间的冲突，多任务间的冲突既包括任务时间冲突，也包括任务方法冲突与任务标准冲突，这些冲突既可能源于团队属性，也可能来自团队管理，大多数冲突带来的影响都是负面的，通过提高工作自主性可以有效化解冲突并避免不利影响。

（二）身份结构

工作团队中常见的身份有两种类型——主管与成员，当员工同时参与多个团队时，在不同团队中担任的角色不同，所获得的身份也有差别。按照主管与成员的简单分类法，员工的身份结构可以分为多主管身份、多员工身份、主管与员工混合身份三种类型。如图 2-5 所示，图 2-5（a）中 A 同时参与三个团队，并且在三个团队中都是团队成员，图 2-5（b）中 A 同时参与三个团队，并且在三个团队中都是团队主管，图 2-5（c）中 A 同时参与三个团队，在团队 T1 中为一般成员，在团队 T2 与 T3 中则为团队主管。

不同的身份结构会带来什么影响？首先，会影响个体的工作自主性，个体同时参与多个团队获得的不同身份中，主管身份占比越高，对多团队和多身份的控制能力越强，主管通常对团队结构、团队氛围、团队规范等属性有较强的构建和控制能力，不仅能够自主安排自身的工作，还会影响各团队成员的工作过程与工作成果。反之，如果员工身份占比较高，则工作自主性通常较低。其次，身份结构会影响不同身份的凸显及身份履职过程，按照多身份理论的观点，人的多个身份是按照一定条件排列的，在特定情境下特定身份会凸显出引导个体的行为，同时会压制其他身份。在组织的层级结构中，主管身份的层次往往高于员工身份，拉莫斯（Lammers）等（2013）的研究表明，情境的相关性与身份的重要性往往决定了身份的层级，与情境相关的身份及对个人更重要的身份往往更容易被激活，身份层级也相对更高[18]。因此，个体往往会将主管身份凌驾于员工身份之上，优先履行主管身份的职责，而减少成员身份的投入，而且身份结构的变化还可能带来时间结构偏移，主管身份投入的时间比例会更高。

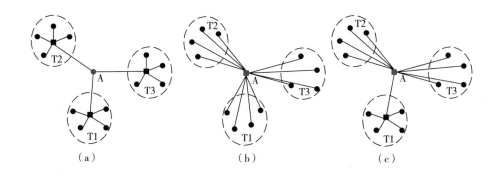

图 2 - 5 身份结构

第三节 多团队成员身份情境下的研究

多团队成员身份的理论研究大致可以分为两类：一类是对多团队成员身份模式的直接研究，重点分析多团队成员身份形成的前因要素，以及不同结构要素带来的影响与相应的边界范围等。另一类是将多团队成员身份作为一种理论情境，对传统的组织行为研究尤其是团队研究进行拓展。多团队成员身份情境下，传统团队研究的很多假设发生了变化，同时也产生了一些新的问题和挑战，现将一些代表性的研究归纳汇总如下。

一、时间碎片化问题

多团队成员身份情境下，员工的时间会呈现明显的碎片化状态，员工在不同团队情境间转换意味着要变换所承担的角色，基于多个不同工作角色的时间碎片化既会给员工带来压力，也会带来相应的收益，这可能是多团队成员身份情境下的时间碎片化有别于一般情境的主要方面。比如普拉特（Pluut）等（2014）就基于工作需求—资源模型研究了时间碎片化对员工的影响机制[19]。

工作需求—资源框架（Job Demands - Resources，JD - R）是用来解释工作压力与工作竞争的一种重要理论模型，该模型将工作特征分成两种不同类型：工作需求与工作资源。工作需求是指维持工作相关活动所需要付出的生理与心理上的努力，工作资源则是与工作有关的物理的、心理的、社会的或组织的资源，可以促进完成工作目标，降低工作需求与工作成本，促进个体成长、学习与发展。按照工作需求—资源框架的基本逻辑，工作需求与工作资源对员工的影响正好是相反的，前者会给员工造成压力和消耗员工各种资源，而后者则会激励和促进员工的工作投入。

基于工作需求—资源框架，作者针对多团队成员身份情境下时间碎片化的影响提出了几个观点并得到了实证分析的支持：一是跨团队的时间碎片化会增加与团队过程有关的个体需求。个体参与每个团队意味着必须参与该团队的一系列过程活动（包括沟通、监督、控制、合作与领导），而每个团队的过程活动都不完全相同，导致员工需要花费更多时间和精力才能适应这种差异性，而且需要更强的自控能力与人际胜任力才能适应不同团队过程的转换，所以碎片化程度越高，这些团队过程相关的需求也会越强。二是跨团队的时间碎片化会导致团队成员间的冲突。时间碎片化会导致员工频繁转换注意力，他们的认知模式会变得更加矛盾，从而产生困惑、误解和冲突，另外，时间压力和团队中成员时间投入不同还会造成人际摩擦。

按照角色积累观点，时间碎片化会带来更多的团队成员支持及更高的个人工作自主性。多团队成员身份情境下的时间碎片化使员工制度性地嵌入多个团队，并分别从不同团队获得相应的社会资本与更多样的社会关系，因此员工能够获得更多的社会支持。另外，员工能更加自由地决定工作完成的先后顺序，在不同工作上自主分配时间和精力等资源，以及有更大的自由去学习自己想要获得知识和发展理想的职业。但是，时间碎片化带来社会支持的观点并未得到支持，普拉特等认为这是由于跨团队的时间碎片化可能更多是任务导向而非关系导向，在团队过程减弱的前提下，员工与各团队的交互都会减少，并不能得到预期的社会支持。另外，基于工作团队的时间碎片化，员工的工作安排（包括工作进度与工作目标）主要受各团队的控制，这可能是与一般时间碎片化最主要的区别，因此员工并不能得到预期的自主性。

二、多重认同问题

身份认同一直是组织研究的一个热门话题，传统的身份认同研究都是基于单一身份的，聚焦认同对特定情境下的个体行为决策的影响，多团队成员身份情境下员工同时拥有多个正式的团队身份，单一身份认同的局限性显得非常明显，多身份认同之间的相互促进或相互干扰才是真实的认知过程，多身份认同成为一个新的研究热点。奥莱利等（2011）指出，多团队成员身份是理解个体如何识别多个可相互替代的工作目标的重要情境，多身份概念要追溯到詹姆斯（James，1890）提出的观点——有多个群体身份的人会有对应的多个自我[20]，尽管理论和实践都表明人们在组织中往往会同时认同多个目标，如工作团队、部门和组织等，但是目前还没有研究分析过同时认同多个对象的问题[13]。

社会身份理论（Social Identity Theory，SIT）是一个社会心理学领域的理论，也是研究身份认同问题的重要基础理论，其主要内容聚焦于个体社会身份的前因与后果，如影响个体身份形成的因素，以及个体身份对认知、情感和行为等结果的影响等。社会身份理论的一个核心原则是，人的多个社会身份的重要性是不同的，并且身份是解释情境影响个体行为与认知的重要机制。身份驱动行为与认知的基本前提是个体对身份具有高度认同感，团队认同是身份认同的一种形式，团队认同的实质是一种情绪表现，是个体在特定团队中对团队身份的依附感[21]，研究表明，团队认同会对成员的行为、态度和绩效等有很强的预测作用。特伦布莱（Tremblay）等（2015）整理了多团队成员身份情境下可能会影响员工对不同团队的多重认同的一些因素，包括员工在不同团队中投入的时间、不同团队的项目进度与项目周期、团队属性如凝聚力和团队声誉等[22]。拉普（Rapp）等（2019）根据多团队成员身份的情境与结构特点构建了较为系统的模型，论述影响个体身份认同的系列因素[23]。多团队成员身份情境下，员工同时拥有多个团队成员身份，对每个身份的认同会受到身份本身、员工个体及所在团队等不同层面因素的影响。

在身份本身层面，拉普等（2019）提出，在每个团队中投入的时间比例与该团队身份认同正相关，即在一个团队中投入的时间越多则对该团队的认同程度越高。投入时间多不仅表明该身份的优先级高，也提供了更多的团队交互和形成共享心智模式的机会，而在传统团队认同的研究文献中，有效的团队成员交互、共同的目标及共同经历都被证明是形成团队认同的重要因素[24]。但该观点最终并未得到实证支持，这表明时间投入无法简单地反映认同水平。

在员工个体层面，各团队的项目阶段异质性及角色压力源会影响员工对每个团队的认同程度。首先，项目阶段的异质性（Project Stage Variability）是指"员工所参与的团队中，团队阶段的相对不同程度"。拉普等（2019）针对研究对象都是软件设计开发团队成员的特点，按照每个团队承担项目的阶段来进行划分，包括需求分析阶段、详细设计阶段、建模阶段、设计阶段和实施部署阶段。基于边界管理理论的观点，各团队所处的项目阶段不同，各团队的边界会相对更加清晰，而清晰的边界则有助于形成更高的团队认同。其次，角色压力与相应的团队成员身份负相关，压力通常都会导致一些心理的、生理的、行为的负面反应。多团队成员身份情境下员工往往会受到角色压力、时间压力、项目超负荷等负面影响，这些压力源的影响往往会延伸到对应的团队身份认同，如马罗内（Marrone）等（2007）研究发现角色超负荷会导致对团队的负面体验[25]。因此，角色压力源作为一种工作特征，会导致员工对参与的每个团队的认同感都降低。

在团队层面，项目声誉、团队凝聚力、团队项目阶段也会影响成员对团队的认同。首先，一个团队项目的声誉包含卓越性、重要性与独特性等，体现了团队特征或者情境特征，很多研究都表明人们通常会对那些地位较高的群体有更高的认同[26]，因此员工可能对那些声誉好的团队有更强的认同。其次，归属感是产生认同的重要因素[27]，而团队凝聚力反映了一种促使成员留在团队中的力量，较强的团队凝聚力会使员工产生较强的归属感并提高团队认同的水平。最后，社会身份理论与多团队成员身份研究都表明时间因素会影响社会身份的形成，因此，团队项目所处阶段也可能会影响员工对团队的认同。团队项目阶段作为团队特征，会影响多团队成员身份模式的设置，比如项目后期的团队往往可调整的空间较大，而项目早期的团队需要较高的投入度，而身份也是一个相对长期的概念，在团队项目的后期随着交互时间增加，团队能更好地发展信任、凝聚力、共同的价值观等，员工也会体验到更高的归属感与认同感。

三、团队领导效果的溢出问题

每个团队都有独特的团队领导方式与领导风格，并对团队成员产生重要的影响。同时参与多个团队的员工，会同时接受不同风格的领导方式，不同领导方式之间是否会相互影响、对员工产生何种影响，这些都是多团队成员身份情境下产生的新问题。

据统计，在美国有近7100万名员工有一个以上的领导[28]，这与多团队成员身份模式被广泛应用的现状是一致的。与现状相对应的是，目前并不清楚多团队成员身份情境对员工的社会影响是否会超出某个团队的范围，即一个团队情境对员工的影响是否会溢出到其他团队。在领导力的相关研究中，目前大都是关于一个领导是如何影响员工的，多个领导会如何同时影响员工的行为几乎没有研究涉及，例如，在某个团队中领导对员工的影响是否会让该员工在其他不同团队中也会有同样的表现？即领导的效果是否会产生溢出效应？

基于上述问题，陈（Chen）等（2019）根据社会认知理论分析了授权型领导在不同团队中的溢出过程[29]。社会认知理论的观点认为，人既会塑造环境同时也会被环境塑造，人与环境是相互影响的，尤其是真实的环境、感知的环境（如自我效能）、有目的的行为三者之间是互为因果的，比如自我效能高的人会追求更高的目标，导致所处环境也变得更好。而且，自我效能还受到自身以前的成就及所处社会环境的影响，领导激励就是一种典型的社会环境。社会认知理论还强调自我效能等信念是可以跨团队和跨情境发挥影响的，因此陈等借用"溢出"这个概念来表述一种影响在不同范围的扩散效应,比如女性对自己在家庭中能力的自信就与工作中的有效性正相关[30]。

虽然家庭与工作情境有明显的差异性,但基于社会认知理论的观点逻辑及在工作家庭领域的研究结论,陈等以授权型领导为研究对象,推测授权型领导方式对员工产生的心理授权感源于员工的多位领导的领导行为,并且这种心理授权感带来的前瞻性行为会表现在不同团队中而不仅仅局限于单个团队范围内。也就是说,在某个或某几个团队中,领导的授权型领导方式会增强员工的自信、控制力和影响力等,员工的这些变化会扩散到员工所处其他团队的工作中,表现出与在授权型领导团队中相似的行为。领导方式的溢出效应还有一个潜在的假设,即员工同时参与不同团队通常都是基于他们的能力与经验专长承担一些类似的角色或职责,社会认知理论与角色转换理论的观点都指出,如果员工承担多个相似的角色或这些角色能够很好地整合,那么员工的体验和认知更有可能跨越不同情境[31]。

具体地,陈等认为,源于两个不同团队的授权型领导会对员工总体的心理授权感有正向且独特的影响,同时对每个团队的特定心理授权感也有积极的独特的影响。关于不同团队的授权型领导之间的相互影响,作者根据可塑性的观点和天花板效应提出,如果员工所处的一个团队的授权型领导程度很高,那么另一个团队的授权型领导的影响效果会相对较弱,因为员工的自我效能等认知水平已经处于高位,进一步提升的空间有限,另一个团队同样的授权型领导方式发挥影响的空间就相对更小了。

四、项目超负荷问题

工作超负荷并非多团队成员身份情境下独有的问题,但多团队成员身份情境为工作超负荷研究提供了一种独特的视角。齐卡—维克托森等(2006)将多项目情境视为一种员工同时分配到多个任务的共同工作网络,并结合工作负荷的研究和多项目情境的特点提出"项目超负荷"(Project Overload)的概念[11],并分析了多项目情境下产生项目超负荷的原因及项目超负荷带来的影响。项目超负荷是指员工同时承担了过多的项目,以致无法专注于某个项目,并因为频繁在项目间切换而引发碎片化、中断和无效率等问题。可能引发项目超负荷的因素很多，齐卡—维克托森等通过实证研究证实了四个主要的诱发项目超负荷的因素，分别是缺少恢复的时间、项目操作惯例不足、缺乏时间资源及参与项目数量太多。

首先，处于多项目情境的员工与项目经理往往都处于高压状态，从健康管理的角度，经历了紧张的项目工作后往往需要充分休息的机会人们才会恢复高效的工作状态，尽管时间压力并非影响健康的本质性因素，但有研究表明，工作时长、工作压力与健康问题之间是存在着显著关系的，缺乏足够的恢复时间会造成项目超负荷问题。

其次，很多项目制的组织都会构建一些正式的项目工作流程，包括一些常规的项目管理策略和项目应对方案等，这些流程能够有效指导日常的项目工作，为员工提供工作的基本流程和规范、方法及原则等，在不同项目间转换的员工可以按照各项目的工作流程规范进行操作，能够有效降低工作的负荷。反之，如果员工在一个项目中缺乏可供参照的工作依据，就需要花费大量时间和精力去请示、沟通、协调，或者重新构建惯例和制度流程，产生很多非必要的工作损耗，徒增工作负荷。

再次，可用的时间资源与工作截止时间是影响员工表现与认知的重要因素，时间压力则是促进工作进度的重要驱动因素，尤其是在高度项目化的组织内部，各项目之间是高度相互依赖的，时间永远是项目管理中最重要的资源，缺乏时间资源会造成严重的时间压力，相应员工的工作负荷也会增强。

最后，同时参与的项目数量也是造成项目超负荷的因素之一，同时参与项目数量与项目超负荷相关的基本假设是每个项目的类型、工作内容、项目特点、项目规模与项目范围都不同，项目数量越多员工需要整合的难度越大，且在不同项目间转换的频率越高，时间安排和工作计划管理的难度也越大，相应的工作负荷也越大。

项目超负荷造成的影响包括降低项目预期计划的执行率、员工自我学习和发展受阻及增加员工的心理压力。

本章参考文献

［1］O'leary M B, Mortensen M, Woolley A W. Multiple Team Membership: A Theoretical Model of Its Effects on Productivity and Learning for Individuals and Teams ［J］. Academy of Management Review, 2011, 36 (3): 461 – 478.

［2］Johns G. The Essential Impact of Context on Organizational Behavior ［J］. Academy of Management Review, 2006, 31 (2): 386 – 408.

［3］Williams K Y, O'Reilly C A. Demography and Diversity in Organizations: A Review of 40 Years of Research ［J］. Research in Organizational Behavior, 1998, 20 (3): 77 – 140.

［4］Jackson S E. The Consequences of Diversity in Multidisciplinary Work Teams ［C］// West M A. (Ed.) Handbook of Work Group Psychology. UK Chichester: John Wiley and Sons, 1996: 53 – 76.

［5］Schnerder B, Reicher A E. On the Etiology of Climates ［J］. Personnel Psychology, 1983, 36 (1): 19 – 39.

［6］隋杨, 陈云云, 王辉. 创新氛围、创新效能感与团队创新: 团队领导的调节作用 ［J］. 心理学报, 2012, 44 (2): 237 – 248.

［7］O'leary M, Mortensen M, Woolley A. Working Together Effectively Before It All Goes Downhill ［J］. IESE Insight, 2010 (6): 50 – 56.

［8］Cummings J N, Haas M R. So Many Teams, So Little Time: Time Allocation Matters in Geographically Dispersed Teams ［J］. Journal of Organizational Behavior, 2012, 33 (3): 316 – 341.

［9］Maynard M T, Mathieu J E, Rapp T L, et al. Something (s) Old and Something (s) New: Modeling Drivers of Global Virtual Team Effectiveness ［J］. Journal of Organizational Behavior, 2012, 33 (3): 342 – 365.

［10］Utterback J M. The Process of Technological Innovation within the Firm ［J］. Academy of Management Journal, 1971, 14（1）: 75 – 88.

［11］Zika – Viktorsson A, Sundström P, Engwall M. Project Overload: An Exploratory Study of Work and Management in Multi – project Settings ［J］. International Journal of Project Management, 2006, 24（5）: 385 – 394.

［12］Mortensen M, Woolley A W, O'Leary M. Conditions Enabling Effective Multiple Team Membership ［C］// Crowston K, Sieber S, Wynn E.（Eds.）Virtuality and Virtualization. Boston: Springer, 2007: 215 – 228.

［13］Ramarajan L. Past, Present and Future Research on Multiple Identities: Toward an Intrapersonal Network Approach ［J］. The Academy of Management Annals, 2014, 8（1）: 589 – 659.

［14］Roccas S, Brewer B. Social Identity Complexity ［J］. Personality and Social Psychology Review, 2002, 6（2）: 88 – 106.

［15］莫申江, 王重鸣. 国外双重认同研究前沿探析 ［J］. 外国经济与管理, 2011（10）: 52 – 57.

［16］Cordery J L, Morrison D, Wright B M, et al. The Impact of Autonomy and Task Uncertainty on Team Performance: A Longitudinal Field Study ［J］. Journal of Organizational Behavior, 2010, 31（2/3）: 240 – 258.

［17］吴颖宣, 程学生, 杨睿, 施建军. 抗令创新与团队创新绩效关系研究——建言行为和工作自主性的调节作用 ［J］. 科学学与科学技术管理, 2018, 39（12）: 142 – 154.

［18］Lammers J C, Atouba Y L, Carlson E J. Which Identities Matter? A Mixed-method Study of Group, Organizational, and Professional Identities and Their Relationship to Burnout ［J］. Management Communication Quarterly, 2013, 2（4）: 503 – 536.

［19］Pluut H, Flestea A M. Multiple Team Membership: A Demand or Resource for Employees? ［J］. Group Dynamics: Theory, Research, and Practice, 2014, 18（4）: 333 – 348.

［20］ James W. The Principles of Psychology ［M］. New York, NY: Holt, 1890.

［21］ Van der Vegt G S, Bunderson J S. Learning and Performance in Multidisciplinary Teams: The Importance of Collective Team Identification ［J］. Academy of Management Journal, 2005, 48 (3): 532 –547.

［22］ Tremblay I, Lee H, Chiocchio F, et al. Identification and Commitment in Project Teams ［C］ // Chiocchio F, Kelloway E K, Hobbs B. (Eds.) The Psychology and Management of Project Teams ［M］. New York, NY: Oxford University Press, 2015: 189 –212.

［23］ Rapp T L, Mathiei J E. Team and Individual Influences on Members' Identification and Performance per Membership in Multiple Team Membership Arrangements ［J］. American Psychological Association, 2019, 104 (3): 303 –320.

［24］ Ashforth B E, Mael F. Social Identity Theory and The Organization ［J］. The Academy of Management Review, 1989, 14 (1): 20 –39.

［25］ Marrone J. A, Tesluk P E, Carson J B. A Multilevel Investigation of Antecedents and Consequences of Team Member Boundary – Spanning Behavior ［J］. Academy of Management Journal, 2007, 50 (6): 1423 –1439.

［26］ Ellemers N, Rink F. Identity in Work Groups: The Beneficial and Detrimental Consequences of Multiple Identities and Group Norms for Collaboration and Group Performance ［J］. Advances in Group Processes, 2005 (22): 1 –41.

［27］ Cooper D, Thatcher S M. Identification in Organizations: The Role of Self – Concept Orientations and Identification Motives ［J］. The Academy of Management Review, 2010, 35 (4): 516 –538.

［28］ Bureau of Labor Statistics. Industry Employment and Output Projections to 2020. Retrieved from http: //www. bls. gov/opub/mlr/2012/01/ art4full. pdf.

［29］ Chen G, Smith T A, Kirkman B L, et al. Multiple Team Membership and Empowerment Spillover Effects: Can Empowerment Process Cross Team Boundaries? ［J］. Journal of Applied Psychology, 2019, 104 (3): 321 –340.

［30］Ruderman M N, Ohlott P J, Panzer K, et al. Benefits of Multiple Roles for Managerial Women ［J］. Academy of Management Journal, 2002, 45（2）: 369 - 386.

［31］Ashforth B E, Kreiner G E, Fugate M. All in A Day'S Work: Boundaries and Micro Role Transitions ［J］. The Academy of Management Review, 2000, 25（3）: 472 - 491.

第三章 多团队成员身份的研究视角与基础理论

第一节 身份视角

身份是关于"我是谁"的回答，身份的构建往往是基于角色或社会分类，无论是基于个体在社会或组织中所担任的角色，还是基于个体所归属的不同群体，每个团队至少是一个正式身份的来源，同时参加多个团队意味着员工会同时拥有多个不同身份。因此，身份是分析多团队成员身份现象的一个重要视角。

一、身份的内涵

美国前总统奥巴马曾经说过："我的父亲是来自肯尼亚的黑人，我的母亲是来自堪萨斯的白人，我的成长得益于我们的白人外祖父母……我的妻子是一个黑人，她的身上流淌着奴隶和奴隶主的血脉……"这段描述中充满了各种身份的标签。身份是对"我是谁"或"我们是谁"的回答[1]，为了回答这个问题，人们往往会根据自己比较特别的、突出的或与众不同的特征来定义自我，包括价值观、信念与期望等[2]。身份的来源有很多种，包括社会分类、角色、关系等都是常见的身份基础[3]。

泰弗尔（Tajfel，1978）从社会心理学的角度提出身份是个人自我概念的一部分，这种自我概念来源于个体对自己是某个群体成员的认知，以及与这种归属关系相匹配的价值观与情感[4]。微观社会学的观点认为人们在高度差异化的不同社会群体中扮演着多个不同角色，与这些角色相关的自我意义的一部分就是身份[5]。还有一些观点强调经验的作用，例如批判视角的观点认为身份是一种主观的意义与体验，是为了回答两个紧密关联的问题，即我是谁？我应该怎么做？[6]社会分类视角也是利用群体归属解释身份的来源，认为身份源于个体所归属的群体与其他群体的认知比较，人们通过所属群体的特征来区分自己人与其他人，并通过群体认同来赋予自己特定的意义[7]。身份的形成是多方面因素综合作用的结果，角色、分类等是构成身份的外部结构，但自我定义或主观接受才是构建身份的关键，因此，身份构建过程的核心环节是主观认知，人们只有通过自我定义或主观接受才会构成完整的身份[8]，这是身份会驱动并预测行为的重要前提[9]，也是组织研究重视身份问题的重要原因。

二、多身份的关系与结构

（一）多身份的关系

一个人可以同时拥有多个身份，从身份的角色基础看，人们同时承担多个不同的社会角色，如与组织成员、职业、性别、种族、宗教、国籍、家庭成员等相关的各类角色等，从身份的归属看，人们同时参与并归属不同群体也会产生多元身份，比如越来越多的员工会同时参与多个不同的工作团队，甚至同时参与横跨若干组织的不同团队。

多团队成员身份情境下，员工在某一段时期内同时参与多个工作团队，在组织制度约束下被强制同时归属于多个团队，员工必须履行在每个团队中所担任角色的职责，必须遵守相应的群体规范和价值观，对应地会获得多个正式的团队成员身份。与一般的社会身份（如父亲、男人）相比，正式的团队身份具有明显的强制性和不可退缩性，员工必须履行与身份对应的责任与义务，并且要按照团队管理的要求确定身份凸显的时间与地点，以及身份凸显的强度，个体不能擅自调整身份凸显的状态，每个身份的自主性较低；多个团队身份存在并发性与竞争性，会共同竞争并消耗员工有限的工作时间与精力[10]。因此，多团队成员身份情境下多身份的这些特征更容易导致身份冲突。

关于人的自我概念，传统观点都是基于稳定的、本地化的情境[11]，由于人们所处的社会环境变得更加复杂，人们的自我概念也在逐渐变化，现代社会中自我表达的群体特征与社会类别更加广泛且变化更快，而且这些不同类别之间的交互日渐增强，比如人们会跨越传统边界，女性或少数民族进入一些以前被排斥在外的领域，挑战了传统的刻板印象，同时也导致了混杂的多身份结构[12]。

当人们同时拥有多个身份时，这些身份间的关系是怎样的？目前有以下几种较为典型的观点。

（1）单一身份。这种观点不承认多身份会同时出现，认为人们在激活或凸显一个身份的同时会压制其他所有身份，并且有两种具体方式。一是相互排斥的观点，学者们认为人对自己的认知往往处于个性化身份（即独特的自我）与角色身份（即遵守角色要求）之间，如果他们认为自己是独特的个体，就会专注于自己的特征而不会认为自己是某个社会群体的一员，也不会遵守这个社会群体的规范，也就是说，人们要么会认为自己是独特的个体，要么认为自己是某个角色的代表，因此个性化身份与角色身份往往是相冲突的，两者不太可能同时存在。二是转换的观点，即承认人会同时拥有多个身份，但是在不同的情境下会凸显对应的身份，例如，有研究认为随着一个人的身份凸显的情境变化，人的认知、情感和行为都会随之变化，也就是俗称的"到什么山唱什么歌"，因此，即使人们拥有多个身份，大多数时候也只是表现出一个身份的属性。

（2）双元身份。双元身份（Dual Identities）的观点认为两个身份能够同时凸显，例如，有研究分析了高层级身份（如美国人）与子层级身份（如白人或黑人）两种身份的同时凸显情况，并指出存在隶属或包含关系的、具有层级差异的不同身份能够同时凸显，并且高层级身份往往能够缓解与低层级身份间的冲突[13]。还有学者研究两个身份的相关性与交互关系，例如，亚洲人身份与美国人身份可能会整合成一个身份，如亚裔美国人[14]。也有学者研究当同时激活两个身份时是如何导致两种身份行为折中的[15]。这些研究都证实两个身份是可能同时凸显的，并且两者有可能会相互影响并相互改变。

（3）社会身份复杂性。社会身份复杂性（Social Identity Complexity）的观点是罗卡斯和布鲁尔于2002年提出的[16]，是指多个身份间的重叠程度。人们通常会同时归属于多个群体并将自己视为这些群体中的一员，这些不同群体身份间的重叠程度因人而异。比如对于亚裔美国人，如果他们仅将其他亚裔美国人视为自己圈子的人，那就是一种相对简单的多身份表现方式，而如果他们将所有的美国人和所有的亚洲人都视为自己圈子的人，那就是一种复杂的多身份表现方式。

身份复杂性最开始是用来描述对不同群体间关系的认知，高复杂性认知意味着了解不同群体间的交互关系，并会产生积极的群体间认知与行为，低复杂性认知则更倾向于对群体间关系的简化，强调群体凝聚力和群体边界特征。研究表明，具有高复杂性认知的人对群体间威胁与偏见的认知程度更低，不易感受到群体偏见与威胁[17][18]。对于多个身份间的关系认知，低复杂性认知表示不同身份间存在高度重叠，并且身份主体会明确排斥一切其他的群体身份，高复杂性则表明不同身份间的重叠性较低，身份主体会意识到不同群体身份是基于不同特征的，不同小群体间特征差异相对较大。高复杂性的人往往能够从多个不同且不重叠的身份中获取更多力量，具有更强的恢复能力，感受到更多的归属感与社会支持，并因此获得更强的幸福感[19]。

（二）多身份的结构

罗卡斯等（2002）在阐述社会身份复杂性时，根据身份重叠程度不同将多身份关系分为四种不同的结构：

（1）交叉型（Intersection），同时激活多个身份并最终形成一个新的复合身份来定义自己，新的复合身份是多个身份的交集，即必须同时满足多个身份的条件。例如，一个女律师身份实际上是基于性别的身份（女性）与基于职业的身份（律师）的整合，个体对女律师身份的认知会使其他既是女性又是律师的才会被视为自己的同行。交叉型的身份是一个单一的、独特的社会身份，并且与其构成要素身份也是不同的，即女律师身份是一个与一般律师或一般女性都不同的独特身份。

（2）支配型（Dominance），将多个身份中某个身份作为主要身份，其他身份作为次要身份。支配型关系中，主要身份是区分内外群体的主要依据，其他身份只是个体主要身份的一些简单要素。例如，女性律师如果将她的职业身份作为主要身份，那么就会将所有的律师都视为内群体成员，女性只是其律师身份的特征之一。

（3）分离型（Compartmentalized），如果多个身份都很重要，那么可以将这些身份通过不同的过程来激活和凸显出来。每个身份都是高度情境化的，在特定情境下相应身份才会凸显，而其他身份则是在其他情境下凸显。例如，个体的职业身份可能只有在工作场合才会凸显出来，其他的基于性别、种族、信仰等的身份则可能在家庭或其他社会情境下才会凸显。

（4）融合型（Mergerd），多个身份同时激活并形成一种新的身份，与交叉型不同的是，融合形成的新身份并非多身份的交集，而是多身份的总和，满足任一个身份条件的都将视为内群体成员。例如，女性律师会将所有女性（无论是否是律师）都视为与自己身份相同的人，也会将所有律师（无论是男性还是女性）都视为与自己身份相同的人。

以上四种多身份的结构关系如图3-1所示。

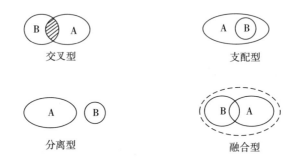

图3-1　多身份的结构类型

资料来源：Roccas 和 Brewer（2002）。

除了身份复杂性视角的分析外，多身份的一般研究也需要对多身份的结构要素进行描述。目前，学者们主要是通过一些指标来反映多身份的结构要素。如奥莱利等（2011）在提出多团队成员身份模式概念时就提到两个基本问题——数量与多样性，而拉马拉杰（Ramarajan，2014）在论述多身份的结构时提到了数量、独立性与层次等要素。对部分常见的多身份结构要素具体分析如下：

（1）数量。多身份研究的基本假设是身份是可计量的，如罗卡斯等（2002）

指出人们一般会拥有 4~7 种不同身份，普拉特（Pratt）等（2000）也指出可以通过增加、减少或维持身份的数量来管理身份多元性（Identity Plurality）[20]。此外，一些与多身份研究相关的概念如身份积累（Identity Accumulation）、身份占有（Identity Occupancy）等也是以身份数量为计算基础的。数量是反映多身份结构的最为基础和显性的要素，也是多身份研究的基础变量。

（2）多样性。多样性又称为异质性，是由数量维度延伸出来的结构变量。传统的多样性描述的是团队或群体内部的结构特征，通常是指个体属性特征的差异程度，如人口统计学变量的多样性、认知特征与人格特征等。身份多样性是多样性研究向微观层面的拓展，指的是不同身份间的差异程度，由于每个身份在职责内容、工作方法、规范要求、任务目标、所处情境等方面都或多或少存在不一样，当一个人同时拥有多个不同身份时，不同身份会相互影响，差异程度大小不仅影响个体的身份整合难度，还会影响个体的认知、情感和行为表现。

（3）独立性。计算每个身份对产出的影响是描述和研究多身份的另一种方式，体现了身份独立发挥作用的程度，也反映了身份不受其他身份影响的程度。例如，约翰逊（Johnson）等（2006）就研究了个体的群体身份、组织身份及职业身份对工作满意度的影响[21]。拉莫斯等（2013）的研究表明，群体身份、组织身份与职业身份对倦怠的不同维度有着不同的独立影响[22]。

（4）层级。情境相关性与对个人的重要性是影响一个身份在多身份层级结构中的位置的关键要素，与情境相关的身份更有可能被激活，对个人更重要的身份也更容易被激活，这些被优先激活的身份的层次相对更高。另外也可以用不同身份的相对重要性来描述身份层级，如穆斯魏勒（Mussweiler）等（2000）用个体对某个身份的认同程度与其他身份认同程度的差异来反映不同身份的层级[23]。库恩（Kuhn，2002）针对群体身份、部门身份、组织身份与职业身份四种不同的身份，利用个体对不同身份认同程度得分的标准差来衡量对不同身份的相对认同，低得分表明这些身份的重要性相近，高得分则表明一些身份相对更重要，体现了不同身份的层级差异[24]。

（三）身份冲突与身份协同

身份冲突与身份协同是多身份的两种常见状态，不同学者对身份冲突的定义有一定差别，但本质是相似的。如林（Lin）等（2008）指出，身份冲突是当个体面对两个或多个不同的身份承诺时，个体内在的挣扎感与撕裂感，并且强调身份冲突是个体认知调节能力的体现，较低的身份冲突意味着更好的适应与调节能力[25]。事实上，身份冲突既包括个体内在的多个不同身份间的不一致性，也包括不同主体间各自身份属性的矛盾，在多身份的语境下，我们默认身份冲突是指个体内在的认知状态。

身份协同是指人们的多个身份交叉所产生的技能、知识、情感与资源等，能够使多身份者获益[21]。对一个身份的认同往往会带来一系列资源并促进在其他身份领域的成功，尤其是对某个身份的投入会获得能力提升及扩展在该领域的社会资源，会提升个体的综合能力。

身份冲突与身份协同看起来是两种相反的多身份状态，关于两者的关系，有学者认为两者是一个连续状态的两个极端，多身份者体验到的身份协同效应越强，对应的体验到的身份冲突效应就越弱[46]。比如汤普森（Tompson，1997）以MBA学生为样本的研究表明，当个体感受到工作与家庭两个身份之间的身份冲突程度更高或身份促进更低时，员工的绩效会下降[26]。但另一些对工作—家庭关系的研究却表明身份冲突与身份协同之间并不是负相关的，而是一种正交（Orthogonal）的关系[27]。

三、多身份的影响

拥有多个身份会对个体产生何种影响？目前主流研究结论出现一定程度的分化，以下对多身份的正面效应与负面效应分别进行阐述。

（一）多身份的积极影响

很多研究认为多身份或身份积累对个体具有积极影响，拥有多个身份是有益的，这类研究主要从多样性视角进行分析，研究发现的积极效应包括丰富化（Enrichment）、正面溢出（Positive Spillover）、强化（Enhancement）、促进（Facilitation）等。例如，丰富化效应强调多个身份会给个体带来各种不同的体验，丰富情感和扩展认知；促进效应认为对一个身份的认同会增加个体的财务、社会和心理资源，进而促进个体在其他领域的成功，尤其是个体对某个身份的投入会获得技能与能力的提升，以及在该领域获得更多的社会支持，这些资源反过来会促进其他身份的胜任程度。

社会心理学的研究认为多个不同的身份会产生经济的心理效应[28]。比如，多身份会带来更强的幸福感与自尊。多个身份有助于人们应对负面环境的影响，一个人拥有的身份越多，越能更好地应对压力[29]，面对生理挑战时所表现出来的适应性与恢复能力也更强[30]。多身份的人的生活质量往往更高[31]，社会适应性也更强[29]。一些具体的研究如鲁德尔曼（Ruderman）等（2002）研究发现，女性经理人在非工作领域获得的技能（如人际技能）会促进工作的有效性，其他的心理收益还包括积极的自我评价、自尊、自我效能感及成就感等[32]。

多身份的积极效应通常有以下几种理论解释。一是社会支持，拥有多个身份往往会获得更加广泛的社会网络及相应的资源，有助于人们加强应对变化和处理难题的能力。二是意义建构（Meaning Making），即每个身份都有特定的价值和意义，这些价值与意义反过来会增强个体的信息处理与应对能力。社会支持与意义建构的区别在于，社会支持效应是可以叠加的，身份数量越多，获得的资源也相应越多，所产生的积极影响越强，但意义建构的叠加效应并不明显，甚至这些意义之间如果相互矛盾还会产生挤出效应，即一个身份的意义会削弱对其他身份意义的感知，这也是多身份可能产生身份冲突及系列负面影响的重要原因之一。三是自我复杂性，自我复杂性理论认为复杂的自我能够更好地应对社会压力。斯密斯—洛万（Smith – Lovin）等（2003）根据社会生态和网络理论分析个体为什么喜欢获得更多身份，并指出个体拥有更多且相似度更低的社会网络，则自我复杂性更高，应对社会压力的能力也更强[33]。

（二）多身份的消极影响

多身份的消极影响通常是从身份冲突角度进行阐述的，当多个不同身份的某些属性间不兼容甚至产生矛盾时，会带来很多不利的影响，因此多身份的负面影响主要集中在身份冲突的研究中。比如，当身份不兼容时，尤其是当价值观冲突或（时间、精力）需求发生冲突时，多身份会降低幸福感及一些相关的心理感受[34]。

身份冲突是指个人不同身份之间由于固有的价值观、信念、规范及诉求之间的不一致性而产生的矛盾[35]，由于每个身份都附带有特定的指令、规范、价值观、动机与目标，拥有多个身份的人往往会在不同身份间挣扎[36]。但并非不同身份不兼容就一定会产生冲突，一方面身份存在凸显的时间与空间差异，另一方面身份是多维度，不同维度的差异也会影响对身份的感知，包括身份的重要性、身份的价值与身份的柔性等。身份冲突的研究主要集中在心理学与社会学领域，近年来工作场所中的身份问题逐渐受到学者们的关注，包括身份冲突在个体、群体和组织等不同层面的影响研究都得到了一定发展。

从身份冲突视角看待和理解多身份的影响，关键在于理解不同身份的需求会让人感到压力。比如，与不同角色对应的多身份往往会同时争夺个人有限的时间与精力资源，而这种资源的消耗压力会让人无法应对而产生负担感。比如研究表明，多个身份在时间、精力、承诺等方面的需求冲突会产生负面的心理后果，会带来诸如工作家庭冲突、对职业与婚姻的不满，甚至产生心理疾病等问题[37]。工作身份与非工作身份的冲突往往会导致对工作和生活的不满[38]，以及组织承诺的下降[39]，而且遭受身份冲突的人会意识到自我确认过程的压力及克服这种压力的困难，进而导致负面情绪产生及对身份认同的下降。比如卡雷利亚（Karelaia）等（2014）研究发现，女性身份与经理人身份的冲突会使女性经理人感受到更大的压力、更低的生活满意度及更低的自我效能感[40]。

身份冲突的常用解释机制有认知失调理论、社会认同理论等。认知失调理论中的"失调"是指当个体的行为和态度不一致时出现的令人不快的动机状态，强调个体认识到自己的态度之间或者态度与行为之间存在着矛盾。认知失调会导致心理紧张，个体为了缓解这种紧张情绪通常会采用改变认知、增加新认知、改变认知的相对重要性及改变行为等方法实现再次协调。社会认同理论强调人们会在类化、认同与比较三个基本过程的基础上来提高自己的价值与自尊，其中个体对群体的认同是核心环节，个体通过社会比较对自己所属的群体产生认同并产生内群体偏好与外群体偏见。类化是产生身份的基本方式之一，因此身份也是人们降低不确定性并强化归属感的主要手段，但多身份与身份冲突正好违反了人们追求内在一致性与确定性的基本需求。

如何应对身份冲突的负面效应是进行多身份管理的一个重要话题。伯克

（Burke）等（2003）针对多身份状态的复杂性提出了三种管理身份冲突的方式：撤销（Withdraw），即通过减少身份数量，保留相对更加重要的身份以避免产生身份冲突；平衡（Balance）或变化（Change）策略，通过改变身份的内涵来降低不同身份间的矛盾[41]。琼斯（Jones）等（2017）提出了三种处理身份冲突的方式：整合（Reconciliation），通过整合不同身份的内涵或要素来实现多身份平衡；重组（Realignment），通过重新确定不同身份的重要性和凸显条件，或者对不同身份给予不同的关注度，重新确定身份的重要顺序；撤销（Retreat），减少某些身份来避免与其他身份产生冲突[42]。普拉特（Pratt）等（2000）提出了四种管理多身份以避免产生冲突的策略：区分、去除、整合与聚合。

（三）其他观点

关于多身份的影响，除了主流的积极效应与消极效应外，还有一些研究得出其他不同的结论。比如，索伊特（Thoits，1983）研究发现多身份与精神压力之间为非线性关系：单一身份的人往往无法应对复杂环境，而身份过多的人则有可能出现身份过载或身份冲突的问题，研究发现太少或太多的身份都会带来不利的影响，但是通过构建不同身份间的联系能够有效降低多身份的不利影响[43]。

多身份的积极效应与消极效应的作用机制同时存在，因此理解这些因素的影响效果需要考虑多身份的所处情境、结构等边界条件。如布鲁克（Brook）等（2008）认为身份的兼容性与身份的重要性会调节多身份与幸福感的关系，如果不同身份所秉持的价值观不兼容，或者身份对时间的需求发生冲突，多身份往往会降低幸福感[34]。贝内特—马丁内斯（Benet-Martinez，2002）在研究跨文化的多身份的影响时也得到了相似的结论[44]。拉比诺维奇（Rabinovich）等（2016）基于自我本能论分析了人们对自我的性质与结构的认知，以及人们融合矛盾并根据情境进行调整的能力对多身份的影响，那些认为自己是柔性可调整的人往往能够更好地应对矛盾并处理身份冲突，而不善于变通调整的人处理多身份矛盾的能力就相对较差[45]。

第二节　多任务视角

一、多任务的现象、概念与内涵

多任务是人们应对复杂环境的一种有效手段，比如人们经常会在阅读、打电话、使用电脑及信息搜寻等不同任务间切换，尤其是在当今信息时代，各种电子设备如手机、笔记本电脑、平板电脑及其他各种设备使年轻人的行为发生了明显变化，同时使用多种设备会将年轻人的注意力从工作转移到其他不相关的事情上[46]。为了应对多任务的负面影响（比如开车打电话），一些地方政府甚至开始立法限制多任务行为。在工作场所，管理者和组织行为研究者也开始关注多任务问题，随着竞争加剧和工作柔性更强，组织往往会让员工同时承担多项工作任务，组织中多任务工作的本质是任务切换，带来的问题包括员工时间与精力碎片化和工作专注力降低等，因此管理者和研究者关注的核心问题是"如何能够让员工保持专注"，潜在含义是如何避免让任务设计或其他因素破坏员工的专注力。《纽约时代》杂志专栏作家弗里德曼（Friedman，2006）甚至将这个多任务时代称为"中断的时代"（The Age of Interruption）。因此，多任务研究又掀起一阵热潮。

多任务研究散布于不同学科，如心理学、信息科学、行为科学等，不同学科对多任务的界定及研究焦点都有差别。认知科学对多任务的研究已经持续了数十年，主要在微观层面研究多任务、并行的信息处理、任务切换及连续行为等内容，具体在心理学领域，对多任务的研究主要聚焦于短时间内频繁而快速的任务切换，或者并行任务行为对认知的影响[47]，比如如何理解和优化多任务的潜在过程以提高多任务的效率等。在信息科学领域，多任务被看作人的一种能力，具体是指处理多个任务的需求竞争的能力。多任务也分为广义的多任务与狭义的多任务，对应的多任务能力也可以分为一次处理多个任务的能力，以及从一个任务切换到另一个任务的快速转换能力。沃勒（Waller，1997）认为，个体层面的多任务过程包含个人在多个任务间分配自己有限的认知资源，以及控制任务要素、任务过程与任务资源等对个人多任务绩效的影响[48]。从任务本身来看，多任务模式中的多个任务的任务功能独立、任务目标不同、任务激励方式不同、任务过程脑力转化不同，对应的任务产出也不同[49]。

二、多任务的不同研究视角

很多认知研究领域都将多任务作为重要的理论基础来解释不同认知行为，斯平克（Spink）等将多任务的相关研究总结为认知科学、信息通信、人因工程、人机交互及组织行为等几个不同视角。

（一）认知科学研究

认知科学对多任务或任务切换的研究已经持续了几十年，随着全球信息化环境的日益复杂，人们越来越多地采用多任务行为或任务切换行为。认知心理学家关注的内容涵盖多任务、并行信息处理过程、任务切换及微秒级别的序列行为等内容。比如，复杂的任务切换过程就包括产生任务切换动机、实施任务切换、切换回到之前任务三个阶段。根据单一渠道理论（Single Channel Theory）的观点，多任务模式会降低工作效率[50]，因为人处理并行心智活动的能力受限于人的中枢机制的能力，同时启动不同的多个进程会加大认知负荷并降低表现。威肯斯（Wickens，1992）则认为时间共享（Time Sharing）有利于并行的多任务绩效，时间转换（Time Swapping）则有利于顺序的多任务绩效[51]。总体而言，认知科学研究认为多任务的影响具有双刃剑效应。

认知科学的学者尤其是心理学家对多任务的研究涉及面非常广泛，比如多任务情境下设置任务优先级与不设置优先级的差别分析、压力环境下多任务者的特质分析、复杂任务情境下多任务行为的过程研究等。比如，格雷迪（Grady）等（2006）注意到多任务与年龄之间的"跷跷板失衡"现象，年轻人的大脑额叶的两个区域是平衡的，可以根据任务需要调整脑部活动：需要专注力的任务往往会激活背外侧前额叶皮质，而不需要专注力的任务其大脑中内侧额叶和顶叶区域的活动降低。老年人的失衡现象更明显，表现为背外侧前额叶皮质活动降低，通常难以聚焦在某个任务上，很容易被各种信息干扰分心[52]。

任务切换（Task Switching）是多任务的重要表现方式，认知科学领域早在20世纪20年代就提出了任务切换的概念，但直到70年后才得到充分发展。多任务的执行过程看起来是不断地从一个任务快速切换到另一个任务，而非真的是同时执行两个以上的任务，认知科学研究往往更多关注任务切换的成本问题。比如，有研究通过实验方法分析任务切换的成本，被试要求在不同类型任务间切换并测量他们的响应时间，通过对比发现：相比那些不进行任务切换的被试，进行任务切换的被试会花费更长时间并会产生更高的错误率；如果给予被试充分的准备时间，就可以有效降低多任务的切换成本，但是无法完全消除转换成本[53]。即使只是在开始进行了一次任务切换，随后不再进行任务切换，任务切换的影响仍然存在。罗根（Logan）等（2004）提出工作记忆在任务切换的执行控制中的作用，工作记忆的相关理论强调其记忆容量的有限性，在任务切换过程中可能会因为信息延迟或信息干扰而发生信息丢失的现象[54]。

任务切换过程中，认知或感知过程的控制被称为执行控制过程（Executive Control Process），相关的理论有三种：注意力—行为模型（Attention – to – Action Model，ATA）、大脑额叶执行模型（Frontal – Lobe Executive Model，FLE）及策略性响应延迟模型（Strategic Response – Deferment Model，SRD），这三个理论模型包含了促发任务切换的各个要素，是解释多任务的任务切换过程的重要理论基础。另外，在多任务的执行过程中，工作记忆（Working Memory）也是一个关键要素，由于工作记忆能力是有限的，在工作切换过程中会因为延迟或相互干扰导致信息丢失。

（二）通信研究

通信研究通常从多渠道或多媒体的角度来分析多任务，这类研究的对象通常是某种媒介或渠道的用户同时还使用了其他媒介，这类研究之所以盛行是因为当下年轻人对各种媒介非常熟悉并且经常同时使用多种媒介，比如在上网的同时会看电视、听音乐、使用即时通信软件、打电话等。福尔摩斯（Holmes）等（2005）用"同步媒介曝光"（Concurrent Media Exposure）一词来描述这类同时使用多种不同媒介的行为，并表示他们的研究对象中有96%的人都有过这类行为，30.7%的研究对象每天都会出现这类多任务行为。

多任务的通信研究学者关注的焦点往往集中在媒介用户参与多任务行为的四个要素：媒介渠道、内容、受众（影响范围、使用时间、受众人口特征等）、情境（地点、日时长、周时长等）。围绕着四个要素有两种常见的研究视角：媒介/内容视角与受众/情境视角。媒介/内容视角研究主要关注媒介传播渠道与传播内容，但目前同步媒介曝光的研究主要以受众/情境视角为主，比如研究多任务模式中用户的主动行为或被动行为：当用户在商场中逛街购物时听到背景音乐属于被动参与多任务行为，而亲子间交互时的注意力转移行为就是一种主动的多任务行为。

（三）人因工程研究

在人因工程领域，多任务是指"整合、交叉、执行多个任务或一个大型复杂任务的多个子任务的能力"[55]，多任务是人因工程研究领域的一个关键内容，对于在多维环境下提升人工操作者的监视、控制和操作能力有重要意义。比如，针对驾驶活动、战斗机飞行活动、空管控制活动开展的认知结构和多任务研究等[56]，周（Chou）等（1990）设计了驾驶员座舱任务管理系统（Cockpit Task Management System）[57]。目前，人因工程研究者开始基于认知模型或认知结构研究监控交互，比如安德森（Anderson）等基于 ACT－R（Adaptive Control of Thought Rational）认知结构提出了一个通用执行控制模型，适用于离散任务及连续任务的管理控制，同时他们采用了特别开发的多任务执行模型，针对一些特定人员的活动进行管理，如从数学问题解答活动到空中交通管制活动等。萨尔武奇（Salvucci）等（2004）设计了一个专用的缓冲器用来监控汽车驾驶者的多任务行为[59]，驾驶汽车是非常复杂且难以预测的行为，高层次的认知要素用来感知周边情境、决定驾驶巡航策略、决定驾驶过程的起始阶段，同时还要管理低层次的认知要素如广播调台、对话、饮食活动等。有效整合驾驶者的认知模型来处理驾驶多任务活动需要有效管理任务优先级和注意力资源。

（四）人机交互研究

人机交互领域对多任务的研究主要是从任务中断角度进行的，中断指的是在多任务过程中因为一些难以预料的请求而在不同任务间切换。人际交互的多任务研究与认知科学的研究有一些不同，通常将多任务等同于在重复任务间切换，而且并行多任务会被分为内在多任务与外在多任务。内在多任务通常强调认知层面并行的多线程认知，通常不被他人察觉；外在多任务指可以通过一些可见行为观察到的不同任务。比如，同样是信息处理任务，可能是内在的认知活动，也可能是外在的信息处理行为，两者会有明显差别。在形式上，人们的外在行为往往是顺序进行的，而内在过程则是可以并行处理的。

人机交互研究除了关注多任务的中断与任务切换外，还关注多任务对任务绩效的影响，以及改善任务中断对效率与工作安全的影响等。例如，有研究就证实多任务和任务中断会降低速度绩效[58]，也有研究表明简单任务的中断有助于提升绩效表现[59]。任务中断的负面影响在知识员工中体现得更明显，当从事多任务的知识员工任务切换回来时。他们经常受困于前瞻性记忆障碍（Prospective Memory Failure）问题[60]，前瞻性记忆障碍是指无法记起需要承担的任务内容，这在生活中是常见的现象，在工作场所中任务中断是造成前瞻性记忆障碍的最受关注的因素。麦克里卡德（McCrickard）等（2003）针对注意力碎片化和多任务情境的特点，设计了一个信息系统用来向用户及时通报并行任务的相关信息，帮助用户调整注意力资源的分配。

（五）组织行为研究

在日益复杂的工作环境中，人们的工作偏好会相应发生变化以应对越来越多的不同任务与更具有挑战性的工作环境，人们不仅接受了多任务模式，甚至主动创造了各种多任务模式。有的人能够适应多任务的工作方式甚至从中获得成长和收益，也有的人无法应对多任务的压力甚至产生各种生理和心理上的问题[61]，随之而来的是个体和组织的绩效出现明显差异。因此，组织行为学领域的学者开始关注多任务行为，目前组织行为的研究文献中对多任务行为的研究主要集中在三个领域：诱发多任务行为的个体差异或偏好、多任务行为与各种个体工作产出的关系、群体层面的多任务绩效分析。当前一些热点的研究领域和主题包括时间因素、角色与工作模式等。

1. 时间因素

首先，斯平克（Spink）等（2008）提到时间紧迫感（Time Urgency）的概念，时间紧迫感是一种相对稳定的个体差异变量，时间紧迫感强的人往往会非常在意时间的使用，甚至将时间看作敌人，通常行事匆匆并且习惯安排更多事情。与时间相关的另一个重要因素是多元时间观（Polychronicity），多元时间观与时间紧迫感这两个概念的内涵较为相似，但多元时间观多见于心理学研究，在组织行为学领域的研究中比时间紧迫感要少一些。

多元时间观包含两层含义：一是偏好同时参与两个及两个以上任务并且付诸行动；二是认为多任务是处理事情的最佳方式[62]。也就是说，多元时间观既体现在行为和认知方面，也体现在价值观方面。多元时间观是从单一时间观（Monochronicity）延伸出来的一个概念，最早提出来是作为文化的一个维度，只是单纯描述一种偏好与价值认知，后来学者们在其中加入态度与行为要素，并应用于更广泛的研究领域。

多元时间观概念涉及两个关键要素：时间与任务。界定任务的时间周期是多元时间观的前提，例如认知心理学研究关注的多任务大多是短时间内的，甚至是用毫秒来计算的，但在管理学如项目管理中任务周期则可能用周甚至月计算。柯尼希（König）等（2010）认为，任务周期要视具体的情境而定，不能简单地以固定标准衡量[63]。任务与子任务的关系是理解多元时间观的另一个关键点：多元时间观的定义只是简单描述了多个任务，由于任务又是由一系列子任务构成的，因此如何界定任务单元就显得非常重要。沃勒（Waller，1997）认为，任务是按照被赋予或被界定的职责划分的，任务绩效直接决定了所分配目标的达成程度，而子任务都是为了完成总体任务的一系列活动。同样地，任务也需要根据情境与工作内容相关的活动来进行定义。

2. 角色因素

组织行为学中关注的另一个与多任务相关的常见主题是工作与家庭角色之间的关系，通常将多任务定义为在工作角色与家庭角色之间切换的行为，常见的如女性经理人或女性领导的工作表现等。这类多任务研究结果较为复杂，一般研究结论认为多任务对员工的影响既有积极的一面也有消极的一面。比如，鲁德尔曼（Ruderman）等（2002）对女性经理人的研究表明非工作的多任务技能会促进他们工作中的领导行为，该研究也支持了一般意义上的工作—家庭增益效应，即一个角色的体验会促进另一个角色的表现[27]。但伏达诺夫（Voydanoff，2005）基于2109个对象的数据调查和分析发现，工作与家庭两种角色的多任务会造成两种角色的冲突并带来更大的压力[64]。

3. 工作模式

组织中的工作大多数是通过团队形式完成的，因此在组织管理过程中，团队可以通过不同的管理策略来应对多任务的压力。比如常见的分时制（整个团队一次完成一个任务）与共时制（将任务分配给不同成员，同时开展多个任务），但在相关的实证研究中，瓦格纳（Wagner）等（2005）却发现，分时制与共时制对团队绩效的影响并不明确[65]，并指出个体行为与集体行为的不同组合方式会影响团队中多任务行为的程度，体现了个体认知的重要性。其他一些为数不多的研究也表明个体对团队多任务行为会产生影响。比如，沃勒（Waller）等（1998）研究了时间紧迫感强的员工在小规模团队中的影响，发现一个时间紧迫感强的员工会制约团队的多任务行为，直观上看是因为这类员工会促使团队一次聚焦于一个最主要的任务并督促团队在期限前完成任务[66]。

总之，组织行为对多任务的研究结论非常模糊。一方面，有观点认为多任务模式中，人们在不同任务间切换会降低工作单调性、提高工作柔性及提升员工应对外部环境变化的能力。另一方面，也有观点认为多任务会导致压力和健康问题。斯平克等认为组织行为研究未来应该重点在至少三个方面加强：一是意志力在多任务情境下的影响，比如主动实施多任务和被动应对多任务的行为是否有差异；二是人与工作的匹配问题，即适合多任务的个体应该具备哪些特征等；三是个体与群体层面的多任务行为培训问题。

第三节　其他理论视角

一、社会网络视角

社会网络理论是奥莱利等提出的多团队成员身份模式的重要基础理论之一。

社会网络理论在组织研究中的流行得益于人与人之间的交互模式在全球化与信息化背景下变得异常复杂，并且交互过程中主体有强烈的反馈性。在社会网络视角下，组织管理的要素通常按照网络结构特征或关系特征的逻辑具体化。图2－5所示的身份结构也体现了多团队成员身份模式的网络结构特征。

多团队成员身份模式可以被视为由员工联结起来的由多个团队子网络构成的知识网络或其他网络，与一般社会网络联结相比，多团队成员身份的网络联结具有正式性、并发性、周期性和竞争性等特点。正式性是指多团队成员身份模式的网络中，员工联结团队都是通过组织制度授权实现的，员工与员工的关系及员工与团队的关系都是基于制度的正式关系，这些正式关系具有不可退缩性，个体必须履行关系所附带的责任与义务。并发性是指网络关系同时存在并且往往需要同时维护这些正式关系，一般的社会网络中个体通常可以自主选择不同关系的维护时机，而基于正式关系的网络中个体缺乏自主权。周期性用来描述个体不同团队身份和关系的存续时间，多团队成员身份网络中个体联结关系的存续时间取决于个体参与不同团队的时长，大多数多团队成员身份都是临时的，因此网络结构具有一定周期性。竞争性是并发性带来的影响，由于个体时间和精力资源的有限性，并发的多关系势必要分散个体的有限资源，导致不同联结间产生竞争。

按照社会网络的观点，同时参与多个团队的员工承担着网络结构洞角色，通过正式身份嵌入在多个团队中，起到联结多个团队子网络的作用。对员工而言，同时参加的团队数量反映了自我网络的规模，联结数量越多意味着知识传递的渠道越丰富，越有利于知识转移和利用，对工作产出具有积极作用[67]。同时参与的团队多样性则反映了自我网络的异质性，能够带来更为全面、多样的新知识，有利于员工进行知识搜寻。与一般网络相比，在多团队成员身份网络中，员工所构建的都是正式联结，需要以履行职责的方式来维护，并且需要在同一时期同时保持多个联结，因此联结的维护成本较高。

对于目标团队，多团队成员身份的网络可以分为团队内部网络与外部网络两个部分。内部网络通过正式联结构建，具有强联结、紧密、一般信任和共同结构性知识，内部联结有利于资源交换整合。而外部网络也是通过员工嵌入其他团队正式联结起来的，只是联结的强度相对较弱、松散，且知识结构的差异性更高，外部联结有利于团队获取外部资源。与一般网络不同的是，目标团队的内部网络和外部网络都是以正式联结为基础的，存在一定竞争性：外部网络联结有利于目标团队获取外部资源[68]，但同时也会削弱内部网络的联结强度，降低团队内部凝聚力；反之，内部网络联结可能形成路径依赖与认知刚性，并削弱外部网络联结的强度，降低团队知识获取能力。因此，目标团队需要处理好内部网络与外部网络的平衡与结合[69]。

在社会网络的分析逻辑中，基于网络联结和网络关系的知识传递是解释多团队成员身份影响的重要机制，因此知识网络成为社会网络与知识基础观相结合后的深化应用工具。与一般社会网络相比，知识网络的节点通常界定为知识主体，并强调网络的知识属性及知识在网络中的流通价值[70]。知识网络是理解网络价值的一个重要的视角，按照现有观点，知识网络的结构特征（如网络规模、中心性、封闭性、异质性等）实质上是从不同角度和不同层次反映知识源特征与知识转移渠道。尽管研究的层次、角度、主体不同，但基本观点认为知识源与知识转移渠道越丰富，越有利于知识传递和利用，并对工作产出有积极作用。知识网络的关系特征（如关系强度、关系信任等）则反映了网络中行为主体的交互过程，尽管对具体情境和具体问题的研究结论存在差异，但普遍观点认为积极交互关系形成正面认知和积极情感并促进工作产出。

二、跨界视角

多团队成员身份模式中，目标团队通过员工构建对外联结，实现跨边界活动，表现出典型的团队跨界特征。由于目标团队成员同时具有其他团队成员身份，不同团队的价值观、理念和规范的差异很容易造成员工认知冲突、弱化团队认同并造成团队成员心理边界模糊[71]。

团队通过构建边界来规范内群体成员的行为、沟通语言和价值观，提高内部效率，但同时也造成了内外沟通障碍。从团队边界管理的角度，多团队成员身份模式具有典型的团队跨界特征。团队跨界的主要目的是通过构建跨边界的对外联结为团队带来有价值的资源，更好地支持团队决策与团队活动[72]。早期的跨界研究更多地关注跨界行为对跨界者个体的影响，如跨界行为带来的资源价值及相伴而生的角色压力等。后来的研究则主要集中在团队层面，关注如何通过跨界活动保证团队有效性，研究结论普遍支持跨界行为能够提升团队有效性，如促进团队创新、改善团队任务绩效等[70][73][74]。团队跨界研究通常分为外部过程与内部过程，例如通常会基于网络理论分析外部资源的价值，基于学习理论分析团队整合外部资源的过程。近来的跨界研究强调外部过程与内部过程相结合才能更有效地解释跨界机制。

团队跨界通常包括网络视角、学习视角和协调视角三种不同的研究视角[75]，跨界理论为多团队成员身份研究提供了一个多视角、多层次的整合框架。在个体层面，同时参与多个团队的员工扮演着跨界者角色，能够从多个团队中获得不同资源，提高自己的地位与影响力，但跨团队联结同时也是一种高压力的挑战性行为，会给跨界者带来角色过载和角色冲突等问题，导致员工沮丧、焦虑及对团队的不满情绪[76]。在团队层面，目标团队可以借助员工的跨界行为获得外部资源、反馈和支持等，提升团队有效性。与一般团队跨界模式不同的是，多团队成员身份模式中，员工所构建的跨团队联结具有正式性、并发性、周期性和竞争性等特征，需要员工付出相应的时间和精力来维系，跨界成本更高，并且员工由于缺乏明确的内群体归属，从各团队所获取资源的分配可能存在竞争，增加了跨界行为的不确定性。因此，多团队成员身份模式的复杂性要高于一般的团队跨界。

三、协调视角

协调视角更多应用在团队层面的研究中，团队协调理论将团队协调分为外显协调与内隐协调：外显协调是通过直接沟通、监督、规范等手段实现团队成员行为有序化；而内隐协调则是一种无意识的协调范式，是团队成员根据对任务和其他成员的认知来自动调整配合的过程[77]。在相对稳定的团队中，更容易将外显协调机制流程化和制度化，并且成员之间交互频率和强度较高，对彼此专长与需求的认知更加深入，容易预期其他成员需求并及时进行调整，更容易建立内隐协调机制[78][79]。

多团队成员身份模式中，对目标团队而言，员工同时参与其他团队的最大影响就是员工在本团队投入的时间和精力减少，导致团队成员共同工作的时间减少，相互之间交互频率与交互深度降低，难以形成有效的团队共享心智模式，不利于建立团队内隐协调机制。而且，员工精力分散影响了其对团队沟通协调机制的理解、反馈和执行，也不利于团队外显协调机制的构建与执行。因此，多团队成员身份给团队内部协调带来了较大挑战，尤其是对于成员互依性较高的知识团队，内部协调失效将会直接影响团队的效率、创新等产出[80]。

此外，在个体层面，员工同时参与多个团队一方面增加了自身工作协调的难度，员工需要根据各个团队的任务目标、要求、工作规范等及时调整工作安排，尽量减少工作冲突；另一方面也增加了员工协调不同团队关系的难度，由于各团队的氛围、工作规范等可能存在较大差异，员工需要有更强的适应能力和应变能力，处理好与不同团队成员的工作关系。

本章参考文献

[1] Pratt M G. The Good, The Bad and The Ambivalent: Managing Identification among Amway Distributors [J]. Administrative Science Quarterly, 2000, 45 (3): 456 – 493.

[2] Stuart A, Whetten D A. Organizational Identity [J]. Administration & Society, 1985, 42 (20): 166 – 190.

[3] Jones J M, Hynie M. Similarly Dorn, Differentially Shorn? The Experience and Management of Conflict between Multiple Roles, Relationships, and Social Categories [J]. Frontiers in Psychology, 2017, 8 (5): 1732 – 1747.

[4] Tajfel H. Social Categorization, Social Identity, and Social Comparison [C] // Tajfel H. (Ed.) Differentiation Between Social Groups: Studies in The Social Psychology of Intergroup Relations. London: Academic Press, 1978: 61 – 76.

[5] Stryker S, Burke P J. The Past, Present and Future of An Identity Theory [J]. Social Psychological Quarterly, 2000, 63 (4): 284 – 297.

［6］Alvesson M, Ashcraft K L, Thomas R. Identity Matters: Reflections on The Construction of Identity Scholarship in Organizational Studies ［J］. Organization, 2008, 15（1）: 5 - 24.

［7］Foreman P, Whetten D A. Member's Identification with Multiple - Identity Organizations ［J］. Organization Science, 2002, 13（6）: 618 - 635.

［8］Ashmore R D, Deaux K, McLaughlin - Volpe T. An Organizing Framework for Collective Identity: Articulation and Significance of Multidimensionality ［J］. Psychological Bulletin, 2004, 130（1）: 80 - 114.

［9］Riketta M. Organizational Identification: A Meta - analysis ［J］. Journal of Vocational Behavior, 2005, 66（2）: 358 - 384.

［10］段光, 庞长伟, 金辉. 多团队成员身份研究述评 ［J］. 管理学报, 2015, 12（12）: 1872 - 1891.

［11］Karner C. Negotiating National Identities: Between Globalization, the Past and "the Other" ［M］. Farnham: Ashgate Publishing Ltd, 2011.

［12］Crisp R J, Hewstone M. Multiple Social Categorization: Processes, Models, and Applications ［M］. NY: Psychology Press, 2006.

［13］Doosje B, Spears R, Ellemers N. Social Identity as Both Cause and Effect: The Development of Group Identification in Response to Anticipated and Actual Changes in The Intergroup Status Hierarchy ［J］. British Journal of Social Psychology, 2002, 41（1）: 57 - 76.

［14］Benet - Martínez, Verónica, Haritatos J. Bicultural Identity Integration （BII）: Components and Psychosocial Antecedents ［J］. Journal of Personality, 2005, 73（4）: 1015 - 1050.

［15］Blader S L. Let's Not Forget The "Me" in "Team": Investigating the Interface of Individual and Collective Identity ［C］// Bartel C. A. Blader S, Wrzesniewski A. （Eds.）Identity and The Modern Organization Mahwah, NJ: Lawrence Erlbaum, 2007: 61 - 84.

［16］Roccas S, Brewer M B. Social Identity Complexity ［J］. Personality and

Social Psychology Review, 2002, 6 (2): 88 – 106.

[17] Schmid K, Hewstone M, Tausch N, et al. Antecedents and Consequences of Social Identity Complexity: Intergroup Contact, Distinctiveness Threat, and Outgroup Attitudes [J]. Personality and Social Psychology Bulletin, 2009, 35 (8): 1085 – 1098.

[18] Brewer M B. Social Identity Complexity and Outgroup Tolerance [J]. Personality and Social Psychology Bulletin, 2005, 31 (3): 428 – 437.

[19] Sonderlund A L, Morton T A, Ryan M K. Multiple Group Membership and Well – Being: Is There Always Strength in Numbers? [J]. Frontiers in Psychology, 2017, 8 (6): 1 – 20.

[20] Pratt M G, Foreman P O. Classifying Managerial Responses to Multiple Organizational Identities [J]. Academy of Management Review, 2000, 25 (1): 18 – 42.

[21] Johnson M D, Morgeson F P, Ilgen D R. et al. Multiple Professional Identities: Examining Differences in Identification across Work – Related Targets [J]. Journal of Applied Psychology, 2006, 91 (2): 498 – 506.

[22] Lammers J C, Atouba Y L, Carlson, E. J. Which Identities Matter? A Mixed Method Study of Group, Organizational, and Professional Identities and Their Relationship to Burnout [J]. Management Communication Quarterly, 2013, 27 (4): 503 – 536.

[23] Mussweiler T, Gabriel S, Bodenhausen G V. Shifting Social Identities as A Strategy for Deflecting Threatening Social Comparisons [J]. Journal of Personality and Social Psychology, 2000, 79 (3): 398 – 409.

[24] Kuhn T, Nelson N. Reengineering Identity: A Case Study of Multiplicity and Duality in Organizational Identification [J]. Management Communication Quarterly, 2002, 16 (1): 5 – 38.

[25] Lin E Y. Family and Social Influence on Identity Conflict in Overseas Chinese [J]. International Journal of Intercultural Relations, 2008, 32 (2): 130 – 141.

[26] Tompson H B, Werner J M. The Impact of Role Conflict/Facilitation on Core and Discretionary Behaviors: Testing a Mediated Model [J]. Journal of Management, 1997, 23 (4): 583 – 601.

[27] Greenhaus J H, Powell G. When Work and Family Are Allies: A Theory of Work – Family Enrichment [J]. Academy of Management Review, 2006, 31 (1): 72 – 92.

[28] Jetten J, Haslam C, Haslam S A. The Social Cure: Identity, Health and Well – Being [M]. Hove UK: Psychology Press, 2012.

[29] Iyer A, Jetten J, Tsivrikos D, et al. The More (and the More Compatible) the Merrier: Multiple Group Memberships and Identity Compatibility as Predictors of Adjustment after Life Transitions [J]. British Journal of Social Psychology, 2009, 48 (4): 707 – 733.

[30] Jones J M, Jetten J. Recovering from Strain and Enduring Pain: Multiple Group Memberships Promote Resilience in the Face of Physical Challenges [J]. Social Psychological and Personality Science, 2011, 2 (3): 239 – 244.

[31] Haslam C, Holme A, Haslam S A, et al. Maintaining Group Memberships: Social Identity Continuity Predicts Well – Being after Stroke [J]. Neuropsychological Rehabilitation, 2008, 18 (5): 671 – 691.

[32] Ruderman M N, Ohlott P J, Panzer K, et al. Benefits of Multiple Roles for Managerial Woman [J]. Academy of Management Journal, 2002, 45 (2): 369 – 386.

[33] Smith – Lovin L. Self, Identity, and Interaction in An Ecology of Identities [C] // Burke P J, Owens T J, Serpe R T. et al. (Eds.) Advances in Identity Theory and Research. Springer US, 2003.

[34] Brook A T, Garcia J, Fleming M. The Effects of Multiple Identities on Psychological Wellbeing [J]. Personality and Social Psychology Bulletin, 2008, 34 (12): 1588 – 1600.

[35] Ashforth B E, Mael F. Social Identity Theory and the Organization [J].

Academy of Management Review, 1989, 14 (1): 20 – 39.

[36] Hirsh J B, Kang S K. Mechanisms of Identity Conflict: Uncertainty, Anxiety, and the Behavioral Inhibition System [J]. Personality & Social Psychology Review, 2015, 20 (3): 223 – 244.

[37] O'Driscoll M P, Ilgen D R H, Hildreth K. Time Devoted to Job and Off – Job Activities, Interrole Conflict, and Affective Experiences [J]. Journal of Applied Psychology, 1992, 77 (3): 272 – 279.

[38] Cooke R A, Rousseau D M. Stress and Strain from Family Roles and Work – Role Expectations [J]. Journal of Applied Psychology, 1984, 69 (2): 252 – 260.

[39] Yogev S, Brett J. Patterns of Work and Family Involvement among Single – and Dual – Earner Couples [J]. Journal of Applied Psychology, 1985, 70 (4): 754 – 768.

[40] Karelaia N, Guillén L. Me, A Woman and A Leader: Positive Social Identity and Identity Conflict [J]. Organizational Behavior and Human Decision Processes, 2014, 125 (2): 204 – 219.

[41] Burke P J. Relationships among Multiple Identities [C] // Burke P J, Owens T J, Serpe R T. et al. (Eds.) Advances in Identity Theory and Research [M]. New York, NY: Kluwer Academic/Plenum Publishers, 2003: 195 – 214.

[42] Jones J M, Hynie M. Similarly Dorn, Differentially Shorn? The Experience and Management of Conflict between Multiple Roles, Relationships, and Social Categories [J]. Frontiers in Psychology, 2017, 8 (5): 1732 – 1747.

[43] Thoits P. Multiple Identities and Psychological Well – Being: A Reformulation and Test of the Social Isolation Hypothesis [J]. American Social Review, 1983, 48 (2): 174 – 187.

[44] Verónica Benet – Martínez, Leu J, Lee F, et al. Negotiating Biculturalism Cultural Frame Switching in Biculturals with Oppositional Versus Compatible Cultural Identities [J]. Journal of Cross – Cultural Psychology, 2002, 33 (5): 492 – 516.

[45] Rabinovich A, Morton T A. Coping with Identity Conflict: Perceptions of Self as Flexible versus Fixed Moderate the Effect of Identity Conflict on Well - being [J]. Self and Identity, 2015, 15 (2): 1 - 21.

[46] Scott M. Tuned Out [N]. Montreal, The Gazette, 2006, June 17: H1, H4.

[47] Yeung N, Nystrom L E, Aronson J A, Cohen J D. Between - Task Competition and Cognitive Control in Task Switching [J]. The Journal of Neuroscience, 2006, 26 (5): 1429 - 1438.

[48] Waller M J. Keeping The Pins in The Air: How Work Groups Juggle Multiple Tasks [C] // In Beyerlein M M, Johnson D A. (Eds.) Advances in Interdisciplinary Studies of Work Teams [J]. Stamford, CT: JAI Press, 1997 (4): 217 - 247.

[49] Sanbonmatsu D M, Strayer D L, Medeiros - Ward N, et al. Who Multi - Tasks and Why? Multi - Tasking Ability, Perceived Multi - Tasking Ability, Impulsivity, and Sensation Seeking [J]. PLoS ONE, 2013, 8 (1): e54402.

[50] Rubinstein J S, Meyer D E, Evans J E. Executive Control of Cognitive Processes in Task Switching [J]. Journal of Experimental Psychology: Human Perception and Performance, 2001, 27 (4): 763 - 797.

[51] Wickens C D. Engineering Psychology and Human Performance [M]. New York: Harper Collins, 1992.

[52] Grady C L, Springer M V, Hongwanishkul D, et al. Age - related Changes in Brain Activity across the Adult Lifespan [J]. Journal of Cognitive Neuroscience, 2006, 18 (2): 227 - 241.

[53] Meiran N. Reconfiguration of Processing Mode Prior to Task Performance [J]. Journal of Experimental Psychology: Learning, Memory, and Cognition, 1996, 22 (6): 1423 - 1442.

[54] Logan G D. Working Memory, Task Switching, and Executive Control in the Task Span Procedure [J]. Journal of Experimental Psychology: General, 2004, 133 (2): 218 - 236.

[55] Salvucci D D, Kushleyeva Y, Lee F J. Toward an ACT – R General Executive for Human Multitasking [C] . Proceedings of the Sixth International Conference on Cognitive Modeling, 2004: 267 – 272.

[56] Salvucci D D, Boer E R, Liu A. Toward An Integrated Model of Driver Behavior in A Cognitive Architecture [J] . Transportation Research Record, 2001 (1779): 9 – 16.

[57] Chou C D, Funk K. Management of Multiple Tasks: Cockpit Task Management Errors [C] // International Conference on Systems, Man, and Cybernetics Conference Proceedings [M] . IEEE, 1990: 470 – 474.

[58] Gillie T, Broadbent D E. What Makes Interruptions Disruptive? A Study of Length, Similarity, and Complexity [J] . Psychological Research – psychologische Forschung, 1989, 50 (4): 243 – 250.

[59] Brumistrov I, Leonova A. Do Interrupted Users Work Faster or Slower? The Micro – Analysis of Computerized Text Editing Task [C] // Jacko J, Stephanidis C. (Eds.) Human – computer Interaction: Theory and Practice (Part I) [M] . Mahwah, NJ: Erlbaum, 2003: 621 – 625.

[60] Ellis J A, Kvavilashvili L. Prospective Memory in 2000: Past, Present, and Future Directions [J] . Applied Cognitive Psychology, 2000, 14 (7): 1 – 9.

[61] Robinson A, Smallman C. The Contemporary British Workplace: A Safer and Healthier Place? [J] . Work, Employment & Society, 2006, 20 (1): 87 – 107.

[62] Bluedorn A C. The Human Organization of Time [M] . Stanford, CA: Stanford University Press, 2002.

[63] König C J, Waller M J. Time for Reflection: A Critical Examination of Polychronicity [J] . Human Performance, 2010, 23 (2): 173 – 190.

[64] Voydanoff P. Consequences of Boundary – Spanning Demands and Resources for Work – to – Family Conflict and Perceived Stress [J] . Journal of Occupational Health Psychology, 2005, 10 (4): 491 – 503.

[65] Wagner J A, Meyer C J, Humphrey S E, et al. The Effects of Utilitarian

and Ontological Individualism – Collectivism on Multitask Performance in Teams ［C］. Academy of Management Best Conference Paper Proceedings, OB: B1 – B6, 2005.

［66］Waller M J, Giambatista R C, Zellmer – Bruhn M E. The Effects of Individual Time Urgency on Group Polychronicity ［J］. Journal of Managerial Psychology, 1999, 14 (3/4): 244 – 256.

［67］Atuahene – Gima K, Murray J Y. Exploratory and Exploitative Learning in New Product Development: A Social Capital Perspective on New Technology Ventures in China ［J］. Journal of International Marketing, 2007, 15 (2): 1 – 29.

［68］Bresman H. External Learning Activities and Team Performance: A Multimethod Field Study ［J］. Organization Science, 2010, 21 (1): 81 – 96.

［69］Marrone J A. Team Boundary Spanning: A Multilevel Review of Past Research and Proposals for the Future ［J］. Journal of Management, 2010, 36 (4): 911 – 940.

［70］Jarvenpaa S K, Tanriverdi H. Leading Virtual Knowledge Networks ［J］. Organizational Dynamics, 2003, 31 (4): 403 – 412.

［71］石冠峰, 林志扬. 团队建设研究的新思路: 边界管理的视角 ［J］. 中国工业经济, 2010 (1): 94 – 103.

［72］Joshi A, Padney N, Han G. Bracketing Team Boundary Spanning: An Examination of Task – Based, Team – Level, and Contextual Antecedents ［J］. Journal of Organizational Behavior, 2009, 30 (6): 731 – 759.

［73］Ancona D G, Caldwell D F. Bridging the Boundary: External Activity and Performance in Organizational Teams ［J］. Administrative Science Quarterly, 1992, 37 (4): 634 – 665.

［74］Druskat V U, Wheeler J V. Managing from the Boundary: The Effective Leadership of Self – Managing Work Teams ［J］. Academy of Management Journal, 2003, 46 (4): 435 – 457.

［75］薛会娟. 国外团队跨界行为研究回顾与展望 ［J］. 外国经济与管理, 2010 (9): 10 – 15.

［76］Marrone J A, Tesluk P E, Carson J B. A Multilevel Investigation of Antecedents and Consequences of Team Member Boundary – Spanning Behavior ［J］. Academy of Management Journal, 2007, 50（6）: 1423 – 1439.

［77］Rico R, Sánchez – Manzanares M, Gil F, et al. Team Implicit Coordination Processes: A Team Knowledge – Based Approach ［J］. Academy of Management Review, 2008, 33（1）: 163 – 184.

［78］Lewis K. Knowledge and Performance in Knowledge – Worker Teams: A Longitudinal Study of Transactive Memory System ［J］. Management Science, 2004, 50（11）: 1519 – 1533.

［79］王端旭, 薛会娟. 团队内隐协调的运作机理及影响因素分析 ［J］. 科学学与科学技术管理, 2009, 30（2）: 160 – 163.

［80］张子源, 赵曙明, 周路路等. 内隐协调对团队创造力的影响机制——任务特征的调节作用 ［J］. 科学学与科学技术管理, 2014（1）: 173 – 180.

第二篇
实 证 篇

多团队成员身份在管理学领域是一个新的研究主题，类似"多团队成员身份模式会带来什么影响？""传统组织研究的结论在多团队成员身份情境下是否会发生变化？"等问题仍缺乏有效的证据来支持相关观点，对多团队成员身份的一些分析仍然停留在命题推演与逻辑分析阶段，因此，开展实证研究就成为推动多团队成员身份理论发展的必要手段。

在理论篇的基础上，本篇开展了三个实证研究，通过问卷调查和计量分析，对与多团队成员身份相关的几个基本问题进行了实证研究。研究内容涉及个体与团队两个层次，包括多团队成员身份模式的直接影响研究，以及基于多团队成员身份情境对一些传统管理问题的研究。

在个体层面，本篇的实证研究首先分析了团队数量与团队间多样性两个结构变量对员工个体综合绩效的影响，以及多任务倾向作为个体特质的边界效应。其次，从多样性视角研究了团队间多样性对员工个体创新的影响机制，以及员工学习与身份冲突的中介机制与相互影响。在团队层面，基于多团队成员身份情境，实证分析了不同边界管理策略对团队绩效的影响机制，以及内隐协调的中介过程。

本篇的实证研究体现了多团队成员身份研究的两个基本范式，即对多团队成员身份模式的直接研究，以及基于多团队成员身份情境的拓展性研究。从研究结论来看，首先，多团队成员身份模式的直接影响是复杂的，仍然存在较大的不确定性，尤其是不同结构要素的影响机制及对应的作用边界还有很大的研究发展空间。其次，多团队成员身份情境下，针对一些传统管理问题确实会产生不同的研究结论，体现了多团队成员身份情境的独特性与价值性，基于多团队成员身份情境拓展传统组织研究将是未来组织行为发展的一个重要方向。此外，多团队成员身份相关的实证研究基础还有待加强，尤其缺乏多团队成员身份各种结构要素的有效测量工具与方法，一些传统构念的结构与内涵在新情境下会发生变化，相应的理论基础与测量方式也会发生变化。

第四章　多团队成员身份的
直接效应研究

第一节　研究背景与理论基础

一、研究背景与研究问题

出于降低成本和提高柔性等目的，越来越多的组织开始采用多团队成员身份模式，即让员工在一段时期内同时参与多个工作团队的工作组织方式。有关调查显示，在欧美国家的很多行业尤其是高竞争性行业中，65%～95%的员工会同时身处多个工作团队，甚至有员工同时参与十几个团队[1]。多团队成员身份模式在知识密集型行业尤为常见，由于工作可离度高，大部分知识员工都能够同时参与多个团队，在多个团队任务间转换并自主分配工作时间与精力[2]。

多团队成员身份改变了团队研究的基本前提[3]。传统团队研究大多是基于单一团队成员身份假设，员工在一段时期内只参与一个团队并将全部工作时间与精力投入在团队任务上，没有其他团队的任务干扰[4]。多团队成员身份模式下，参与多个团队的员工同时具有多个正式身份，同时承担不同团队的多个任务，并同时受到不同团队规范的约束，传统的团队理论是否仍适用于多团队成员身份情境尚不得而知[5]。很多学者强调多团队成员身份研究具有重要的理论价值[6][7]，但管理学领域对多团队成员身份的研究非常不充分，正式的理论研究始于奥莱利

（O'Leary）等（2011）在《美国管理学会评论》上发表的文章，目前少量的管理学相关研究也多以探索性分析为主，很多观点缺乏有效证据支持[8]。

多团队成员身份模式会带来什么影响？这是一个基本的、重要的但尚无明确答案的问题，即多团队成员身份的有效性目前尚无有效的理论证据。根据现有文献的现象分析与逻辑演绎，多团队成员身份会在个体、团队、组织等不同层面影响认知、态度、情感、行为、过程、结果等内容，具有多层次和多视角的显著特点。员工同时参与多个团队意味着同时承担不同团队的多个任务，本章将选择在个体层面从多任务视角分析多团队成员身份模式对员工的影响，并结合多团队情境特点分析员工的多任务倾向特质的边界效应。

二、研究的理论基础

（一）多团队成员身份

1. 多团队成员身份的特点

传统团队研究都是基于单一团队成员身份假设[9]，团队具有结构稳定、边界清晰、目标明确、成员互依性高、员工角色明晰、工作时间同步、工作地点集中等特点[7]。当员工同时参与多个工作团队时，会带来团队边界模糊、结构动态、工作异步、角色冲突等问题，团队研究的理论情境相应发生改变。多团队成员身份情境下的多任务模式有以下几个特点：一是每个任务都得到组织许可，任务目标难以调整、具有刚性，任务活动具有不可退缩性；二是这些任务在时间和空间上是并存的，周期性明显、集中度高、竞争性强；三是每个任务都附带特定的目标、资源、规范等属性，这些属性反过来会影响任务执行过程。因此，除了任务切换过程中人的心理与生理影响外，任务间的关联也会影响多任务的完成。

2. 多团队成员身份的结构

团队数量与团队间多样性是多团队成员身份的两个基本结构维度[1]。

（1）团队数量。团队数量是指员工在某段时期内同时参与的团队个数，是多团队成员身份模式最突出的外显特征，该要素很大程度决定了员工有限的注意力资源的配置方式[10]，会影响到每个任务的完成情况。员工每参加一个团队对应至少一项工作任务，团队数量也间接反映了多任务的结构特征。

（2）团队间多样性。团队间多样性是指员工同时参与的不同团队之间的差异性，如不同团队在结构、任务、规范、氛围等方面的差异。团队属性较多，根据任务取向与关系取向的多样性分类依据[11]，本章选择团队知识与团队氛围两个属性进一步细化团队间多样性。团队间知识多样性是指员工所参与的多个团队在任务内容、所用知识技能、所需经验信息等方面的差异性，体现了员工处理多任务的技能适应性。团队间氛围多样性是指员工所参与的多个团队在群体规范、价值观、管理风格等方面的差异，体现了员工处理多任务的情感适应性。

（二）多任务研究

由于人的大脑无法真正并行执行多项任务，在认知与行为科学领域，多任务过程通常被视为任务转换过程，并基于大量心理学研究逐渐形成了多任务理论的基本分析范式，即利用任务转换过程中人的心理与生理变化机制来解释相关现象[12]。目前，多任务研究中对人的心理与生理变化机制的探索都是基于去情境化的任务中断与切换过程，而不考虑任务的数量、类型、相互关联等多任务的结构性特征，以及任务的来源、主体、自主性等多任务的社会性特征，这使多任务理论的应用受到明显限制。此外，基于多任务理论基本分析范式的研究结论也非常模糊[13]，如多任务模式会增加员工心理压力并影响生理健康，同时又能够丰富员工认知并提高员工应对环境变化的能力。

日渐流行的多团队成员身份模式提供了一种高度契合多任务理论发展需要的组织情境：员工同时承担来自不同团队的多个任务，在有限时间内为达成多个任务目标，必须在不同任务间切换，而且这些任务均来自组织中的正式工作团队，任务数量、类型、目标及执行主体明确。因此，本章将基于多团队成员身份情境与多任务理论分析范式，构建多团队成员身份的分析框架并展开实证研究。

第二节　研究假设

徐（Tsui）等（1997）将员工绩效定义为员工执行若干核心任务的表现，设计量表时针对工作任务的特点选择一些通用指标如数量、质量和效率等来衡量员工的基本任务表现，并采用上级或同事评估的方式进行测量[14]。单一团队成员身份模式中，员工也会同时承担多项工作任务，员工绩效也包含对多任务综合表现的评价。多团队成员身份模式下，多任务成为员工的工作常态，只是任务来源于多个不同团队并要接受不同团队领导的监督与指导，因此衡量员工多任务的工作表现仍然可以借鉴传统员工绩效的测量方式。与传统员工绩效测量方式不同的是，员工同时参与多个团队，对各团队的认知、态度和情感不同，对各团队任务的投入程度不同，而且每个团队的工作标准也不尽相同，这就导致任何一个团队的主管或同事的评价都存在明显的片面性。因此，为了区别于单一团队成员身份模式下的员工绩效，本章采用综合绩效概念，借鉴传统员工绩效的指标内容，利用员工阶段性完成的任务数量、质量和效率等反映员工在多团队成员身份模式下从事多任务的整体表现。

一、团队数量与员工综合绩效的关系

一般观点认为，员工同时参与多个团队能够丰富工作内容、降低工作倦怠、提高时间利用率、增强应对变化的能力等[15][16]。实际上，同时参与多个团队对员工的影响较为复杂。

第一，多任务模式会增加员工的认知压力。汉森（Hansen）等（2001）认为，信息时代最稀缺的资源是人的注意力[10]，越来越多的需求正在不断分散人们的注意力，无论是个人、团队还是组织都在力求有效分配和管理注意力资源以实现产出最大化[17]。同时参与多个工作团队对员工的注意力管理带来两个方面的影响：一是并行的多个任务会加剧注意力碎片化问题，员工的注意力被多个任务分散后，分配在每个任务上的时间与注意力资源会相应减少，这会直接影响任务的完成质量[2]。二是承担多任务的员工需要在不同任务间进行转换，每次转换都需要大脑重新聚焦并重新开始思考[15]，由此带来的问题包括：增加个体的认知记忆负担，造成信息丢失和注意力资源损耗[18]，增加任务准备时间且提高了错误率[19]，导致更差的学习效果和任务绩效，以及造成员工神经层面的压力影响心理健康[20]。

第二，多任务模式会激发员工的主动性。人的应激能力使人们会主动采取措施应对压力等不利影响，在多任务的时间压力与认知压力下，一方面，员工会通过确定优先级、事务排序、划分时间单元等方式，更有效地管理自己的工作时间，比如对不同任务的时间需求进行"削峰填谷"，提高时间利用效率，而且在压力之下员工会更加专注地工作；另一方面，当员工有足够的时间与资源按部就班完成任务时，并没有太多动机去寻找更高效的工作模式，也不太在意时间浪费和提高效率的问题[21]。而当员工意识到自己同时面对多任务要求时，会被迫寻找并发展出适合自己的工作惯例[22]，通过标准化、模式化和流程化的工作方式来提高工作效率，减轻多团队任务带来的压力。而且，同时参与多个团队也为员工寻找、学习与发展工作惯例提供了良好机会，员工可以从不同团队寻找适合自己的高效工作模式。

按照二元性的研究范式，要理解团队数量对员工综合绩效的影响，关键在于识别和理解不同作用机制的差别，并对其进行整合[23]。随着同时参与团队数量的增加及任务转换频率的提高，注意力损耗与认知压力对工作绩效的负面影响是逐渐增强的，而时间管理和工作惯例带来的绩效提升则是增速逐渐趋缓的[24]。在两种不同机制的共同作用下，团队数量与员工综合绩效的关系可能为非线性的。奥莱利等（2011）认为，团队数量与员工效率是倒 U 形关系，早期有效利用工作时间和高效工作惯例都有利于提升效率，但随着团队数量持续增加，任务排队等待和任务切换所耗费的时间增加，会抵消之前的效用。另一些相关的实证研究得到了类似结论，如凯瑞（KC）等（2009）基于医院员工样本的研究[24]及惠尔赖特（Wheelwright）等（1992）基于工程师样本的研究都表明随着项目数的增长，效率都是先上升后下降[25]。综合上述分析，本章提出假设：

假设1：团队数量与员工综合绩效为倒U形关系。

二、团队间多样性与员工综合绩效的关系

（一）知识多样性与员工综合绩效的关系

传统的团队内部多样性研究认为知识多样性是一把"双刃剑"[26]，但在多团队成员身份模式下，团队的动态结构与频繁的任务切换过程使员工缺乏吸收和利用多样性知识的机会，团队间知识多样性的负面影响更加明显。

首先，团队间知识多样性会增加员工的知识管理压力。多团队成员身份模式下，员工理解和应用不同团队的多样化知识是完成多任务的必要条件，而每个人的知识基础、认知与学习能力是有限的，基于有限的知识能力去适应多样化的知识情境会大大增加员工的认知压力，导致精神压力增大、工作错误率提高、工作质量与效率下降等问题。例如，霍普（Hopp）等（2004）的研究表明，当员工同时参与三个相似的团队时，管理的信息多样性更低，任务切换对工作效率的影响更小[27]。

其次，团队间知识多样性会增大员工融入不同团队及有效沟通的难度。员工在与不同工作团队的成员沟通时，由于知识背景、经验和观点不同，会增加沟通难度与沟通成本[28]，彼此需要更多时间才能完全相互理解，甚至会造成沟通冲突与关系紧张。具有相同背景的人沟通会更加顺畅，群体凝聚力也会更高，知识背景差异则可能导致团队内部群体分层[29]，使员工产生消极情感，削弱合作与努力的动机[30]。基于上述分析，本章提出假设：

假设2：团队间知识多样性与员工综合绩效负相关。

（二）氛围多样性与员工综合绩效的关系

团队氛围是团队成员对所处团队环境产生的相似心理认知，这种认知决定了团队内部的一般社会交往环境与行为规范，对员工的动机、态度、信念、价值观都有深刻影响[31]。传统的团队氛围研究都是基于团队内部，不存在多样性问题。在多团队成员身份模式下，员工同时参与的多个团队在管理模式、领导风格、群体规范等方面会存在差异，员工对每个团队环境的认知也会存在差异，而且员工必须适应不同团队的氛围才能融进团队更好地完成团队任务。因此，团队间的氛

围多样性也是体现团队多样性的一个重要维度。

社会规范是一种在社会化过程中发展起来的反映共同意见的价值体系，按照分类规则，团队氛围是一种狭义、非正式的群体规范，是为了保障群体目标的实现与群体活动的一致性而建立起来的约束群体成员的共有行为规则与标准[32]。员工在团队中除了遵守显性的正式规范，还要遵守隐性的非正式规范，包括团队心理规范与团队价值观等。

社会规范通过内在和外在两种机制影响人的行为。内在机制是通过塑造和改变人的内在偏好与认知来影响行为；外在机制则是通过激励或惩罚来影响人的行为[33]，如团队氛围通过自我效能感影响员工行为[34]，以及团队氛围通过群体压力约束员工行为等[35]。在多团队成员身份模式下，当各团队氛围差异较大时，员工会同时受多种不同群体规范的约束，团队氛围的内外两种作用机制都会受到影响。内在机制方面，每种团队氛围都会塑造成员特有的偏好与价值观，以及特有的思维与行为定式，而人的偏好与行为定式往往具有排他性和唯一性，因此团队间氛围多样性会造成员工的认知冲突并加大认知负担，导致员工适应不同团队氛围的时间延长，以及在不同团队间转换的成本增加。外在机制方面，同时身处多个团队的员工由于适应和转换成本高，无法完全理解和认可各团队的价值观与行为规范，在工作中无法完全适应团队的协作要求，因而遭到团队成员的歧视与排挤，无法获得团队其他成员的认可与支持，并影响团队任务履行。基于上述分析，本章提出假设：

假设3：团队间氛围多样性与员工综合绩效负相关。

三、多任务倾向的调节效应

近年来，研究发现多任务模式的效果很大程度上取决于行为者对时间分配的态度，并提出了多任务倾向（Polychronicity）① 的概念。多任务倾向是指人们同时从事多项任务的偏好[36]，体现了人们对时间的认知与管理方式。多任务倾向包含两种价值认知：偏好同时进行多个任务，并且认为多任务模式是最佳的[37]。

---

① 也有文献译为多重任务取向、多项时间取向、多元性时间观等。

多任务倾向是一种稳定的人格特质，也是成功管理多项任务的重要基础。多任务倾向具有很强的情境依赖性，只有在员工同时承担多项任务时才有预测效果，在单一任务情境下几乎没有影响。因此，多任务倾向必须要与工作环境和工作任务相匹配才能发挥作用，否则就会存在很大的不确定性[36]。因此，研究多任务倾向与其他因素的交互作用对产出的影响是多任务倾向研究的重要范式之一[38]。

（一）对团队数量与员工综合绩效关系的影响

特质激活理论（Trait Activation Theory）强调特质的情境依赖性，并指出情境相关性与情境强度共同构成特质激活潜能[39]，这为分析多任务倾向的影响提供了理论依据：多任务倾向作为典型的人格特质能有效预测员工行为[40]，但其作用在多任务情境下才能被激发出来。

具体而言，团队数量对员工综合绩效的影响是通过两条路径的共同作用实现的：一是消除工作冗余时间和发展工作惯例对绩效的提升作用；二是多任务转换导致的注意力碎片化、注意力损耗及认知压力对绩效的负面作用。多任务倾向的部分人格特质在员工同时身处多个团队的情境下被激活且发挥作用：多任务倾向高的员工具有较强的目标导向与时间观念，具有更为成熟的时间管理技能，更擅长处理干扰和在多任务过程中进行转换，而且对工作中的不确定性和职业压力有更高的耐受性[41]。这些特质一方面会帮助员工更好地利用时间，强化团队数量的积极作用，另一方面会提升员工对工作压力的耐受阈值，大大减少员工在不同任务间转换时思维切换并重新聚焦造成的注意力损耗，弱化团队数量的负面影响。两种机制此消彼长，会有效改善员工的综合绩效表现。因此，本章提出假设：

假设4-1：多任务倾向会弱化团队数量与员工综合绩效之间的∩形关系。

（二）对知识多样性与员工综合绩效关系的影响

团队间知识多样性对员工综合绩效的负面影响过程包括两种机制：一是团队间知识多样性给员工带来的认知压力，二是团队间知识多样性带来的团队融入压力与沟通障碍。多任务倾向的部分人格特质在此情境下被激活并发挥作用：一方面，多任务倾向高的员工往往具有更强的认知能力[42]及较好的职业抗压性[41]，对多任务的成熟应对策略与处理技巧也会提高多样性知识的处理效率，从而减轻认知压力对员工的负面影响；另一方面，多任务倾向高的员工往往具有更高的亲和力与沟通交互能力[37]，有利于化解员工在不同知识情境团队中的融入与沟通困难。因此，本章提出假设：

假设4-2：多任务倾向会弱化团队间知识多样性对员工综合绩效的负面作用。

（三）对氛围多样性与员工综合绩效关系的影响

团队间氛围多样性对员工综合绩效的影响是不利的，会增加员工的适应与融入难度、任务转换的成本及员工的认知压力，而多任务倾向的部分人格特质有利于应对这些问题。首先，多任务倾向较高的员工具有更高的外向性和亲和性[37]、情绪稳定性、组织承诺[43]等特征，这些重要的人际能力能够大大缩短员工认知不同团队的时间并降低融入不同团队的难度。其次，多任务倾向高的员工有着更强的适应能力[44]，面对差异化团队氛围的融入和适应压力时会表现得更好，而且对多任务并行模式的偏好能更好地适应在不同任务间的转换，提高转换效率并减少任务转换过程中的认知损耗。此外，更强的抗压能力有利于化解不同氛围的团队带来的关系压力与认知压力，有效弱化氛围多样性的负面影响。因此，本章提出假设：

假设4-3：多任务倾向会弱化团队间氛围多样性对员工综合绩效的负向作用。

综合上述分析，本章的研究框架如图4-1所示。

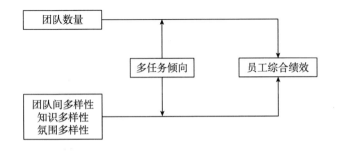

图4-1　研究框架

第三节 研究方法

一、调查程序与样本特征

本章的研究对象为同一时间段内同时参加多个工作团队的员工，为保证研究质量，在选择样本时设定了以下几条标准：一是为避免时间过久导致员工的记忆模糊，调查对象为半年内有过同时参与多个工作团队经历的员工。二是明确员工所参与的团队均为有明确任务和正式结构的、由多人构成的正式工作团队，对团队存续时间与地理分布不作特别限定。三是根据多团队成员身份模式的适用特点，调查对象以知识型员工为主。

为避免组织差异的影响，本章选择了一家位于江苏的大型高科技企业进行调研，该企业主要从事电力控制系统开发业务，研发与实施人员多以项目组形式进行管理，多团队成员身份模式在该企业较普遍。根据人力资源部门掌握的员工详细工作信息（如员工岗位信息、参加项目数量、起止时间等），本次调查共发放问卷300份，回收问卷265份（回收率88.33%），去除空缺项太多、存在明显数据冲突等瑕疵严重的问卷后，符合同时参与2个以上团队的员工问卷共202份（有效率76.23%）。样本特征描述如表4-1所示。

表4-1 样本描述（N=202）

性别	人数（人）	比例（%）	职称	人数（人）	比例（%）	学历	人数（人）	比例（%）	年龄	人数（人）	比例（%）	参与团队数量	人数（人）	比例（%）
男性	150	74.26	无	11	5.45	大专	1	0.50	30岁以下	80	39.60	2个	137	67.82
女性	49	24.26	初级	69	34.16	本科	101	50.00	31~40岁	108	53.47	3个	47	23.27
缺省	3	1.49	中级	101	50.00	硕士	92	45.54	41~50岁	12	5.94	4个	8	3.96
			高级	14	6.93	博士	6	2.97	51~60岁	0	0.00	5个	10	4.95
			缺省	7	3.47	缺省	2	0.99	缺省	2	0.99			
合计	202	100.00	合计	202	100.00	合计	202	100.00	合计	202	100.00	合计	202	100.00

二、测量工具

本章中，团队数量是由员工报告的客观数据，其他构念均通过问卷量表测量得到，采用 1－6 级李克特量表，1 表示"完全不符合"，6 表示"完全符合"。

团队间知识多样性反映的是不同团队知识的差异，与一般的团队内部知识多样性的主体不同，客观指数测量并不适用，本章采用主观认知量表，借鉴蒂瓦纳（Tiwana）等（2005）对团队内部知识多样性的测量方法[45]，编制量表测量团队间知识多样性，量表包含四个题项，如"这几个团队分别需要多种不同的知识经验与技能专长""这几个团队所采用的工作方法、工作思路有显著差异"等。该量表基于总体样本的克隆巴赫 α 系数为 0.802。

团队氛围的研究与测量都是与特定内容联系起来的[46]，如创新氛围，并且都是聚焦于团队边界范围内的。氛围测量的是团队成员的共同认知，但不同群体的共同认知之间很难进行差异性比较，因此本章基于同一员工对不同团队氛围的认知比较来反映团队间氛围差异性，并且测量会直接影响员工工作过程的一般工作氛围，重点是团队规范与管理风格等内容。借鉴传统团队氛围的测量方式，编制的团队间氛围多样性量表包括三个题项，如"这几个团队的管理模式存在显著差异""这几个团队的领导风格有显著差异"等。该量表基于总体样本的克隆巴赫 α 系数为 0.840。

综合绩效反映的是员工同时承担不同团队的多个任务时的总体表现，借鉴徐（Tsui）等（1997）对传统的员工绩效的测量方式，从完成任务的数量、质量与效率等方面衡量员工对多任务的综合完成情况[14]。由于员工对待不同任务存在着认知、态度与情感的差异，在每个团队投入的时间和精力比重不同，且每个团队的管理风格与工作标准不同，因此他评的方式存在明显的片面性。本章编制了自陈式量表，共包括六个题项，如"我的工作效率很高""我总是能按要求甚至超额完成任务"等。该量表基于总体样本的克隆巴赫 α 系数为 0.811。

多任务倾向采用柯尼希（König）等（2010）的量表[36]，包括五个题项，如"我喜欢同时处理多件事情""有多件事情要做时，与其每天做完一件事，我更愿意每天每件事都做一部分"等。该量表基于总体样本的克隆巴赫 α 系数为 0.855。

本章将常见的人口统计学变量，包括个体性别、职称、学历和年龄等作为控制变量。

三、数据检验

本章采用的团队间知识多样性、团队间氛围多样性、综合绩效等概念都是借鉴传统测量方式，在英文量表双向互译的基础上，结合多团队成员身份模式的特点进行了改编和修正得到的，因此需要对量表进行检验。根据探索性因子分析与验证性因子分析的数据独立要求，本章利用 SPSS 19.0 的数据选择功能，按大约 50% 的比例将 202 个样本随机分成样本量分别为 98 和 104 的两个子样本。基于 98 个样本进行探索性因子分析，分析结果显示共析出四个因子，解释了总变异量的 69.579%，KMO 系数为 0.740（巴特利特球形度检验，$\chi^2 = 1070.300$，df $= 153$，p < 0.001），各因子的载荷均达到 0.5 的基本要求。此外，各构念的克隆巴赫 α 系数均大于 0.7 的常见接受标准。具体结果如表 4 – 2 所示。

表 4 – 2　探索性因子分析（N = 98）

条目内容	因子 1	因子 2	因子 3	因子 4	克隆巴赫 α 系数
氛围多样性 2	0.902				
氛围多样性 3	0.874				0.883
氛围多样性 1	0.849				
知识多样性 3		0.826			
知识多样性 4		0.822			
知识多样性 1		0.804			0.849
知识多样性 2		0.800			
多任务倾向 3			0.885		
多任务倾向 4			0.882		
多任务倾向 5			0.875		0.897
多任务倾向 1			0.776		
多任务倾向 2			0.776		

续表

条目内容	因子1	因子2	因子3	因子4	克隆巴赫α系数
综合绩效2				0.775	
综合绩效3				0.763	
综合绩效4				0.749	
综合绩效1				0.741	0.840
综合绩效6				0.739	
综合绩效5				0.606	

基于104个样本对团队间知识多样性、团队间氛围多样性、综合绩效和多任务倾向四个构念进行验证性因子分析。在四因子模型的基础上，还假设了三个备选模型，分析结果（见表4-3）表明基础模型的拟合效果显著优于其他的备选模型，说明四个构念具有良好的区分度。进一步检验各构念的聚合效度，知识多样性、氛围多样性、综合绩效、多任务倾向的因子载荷的最小值分别为0.561、0.646、0.461、0.439，且所有测量题项在对应构念上的标准化因子载荷均达到显著水平（p<0.001），表明这几个构念具有良好的聚合效度。此外，基于该子样本的各构念的克隆巴赫α系数分别为：知识多样性0.743、氛围多样性0.792、多任务倾向0.820、综合绩效0.809，均大于0.7的常见接受标准。

表4-3　测量模型比较分析（N=104）

	χ^2	df	χ^2/df	CFI	GFI	AGFI	RMSEA	$\Delta\chi^2$
基础模型：KD，AD，PC，EE	132.200	113	1.170	0.973	0.881	0.820	0.041	
三因子：KD+AD，PC，EE	140.881	114	1.236	0.962	0.873	0.810	0.048	8.681**
二因子：KD+AD+PC，EE	218.826	116	1.886	0.854	0.839	0.762	0.093	86.625***
一因子：KD+AD+PC+EE	237.653	119	1.997	0.832	0.827	0.751	0.098	105.452***

注：KD代表知识多样性，AD代表氛围多样性，PC代表多任务倾向性，EE代表综合绩效。

第四节 数据分析

一、描述分析

对研究构念的描述性分析如表 4 - 4 所示，结果表明各变量的均值与标准差均正常，主要变量之间初步相关，具备进一步分析的条件。

表 4 - 4   变量描述性统计分析（N = 202）

	均值	标准差	1	2	3	4	5	6	7	8	9
1. 性别	0.250	0.432	1.000								
2. 职称	2.610	0.760	0.009	1.000							
3. 学历	2.520	0.567	-0.067	0.267***	1.000						
4. 年龄	1.660	0.588	-0.128+	0.543***	-0.035	1.000					
5. 团队数量	2.460	0.792	-0.014	-0.055	-0.015	-0.015	1.000				
6. 知识多样性	4.041	0.880	-0.048	0.108	-0.039	0.103	-0.030	1.000			
7. 氛围多样性	3.711	1.125	0.010	-0.050	-0.087	0.054	-0.122+	0.387**	1.000		
8. 多任务倾向	3.258	0.963	-0.059	-0.014	-0.113	-0.025	-0.074	0.097	0.116	1.000	
9. 综合绩效	4.487	0.653	-0.001	-0.104	-0.172*	-0.084	-0.143*	-0.193**	-0.207**	0.151*	1.000

注：①性别：0 代表男，1 代表女；职称：1 代表无，2 代表初级，3 代表中级，4 代表高级；学历：1 代表大专及以下，2 代表本科，3 代表硕士，4 代表博士；年龄：1 代表 30 岁以下，2 代表 31~40 岁，3 代表 41~50 岁，4 代表 50 岁以上。②+ 表示 $p < 0.1$，* 表示 $p < 0.05$，** 表示 $p < 0.01$，*** 表示 $p < 0.001$，下同。

二、回归分析

模型中团队数量为客观值，其他构念为员工问卷测量，为了确保研究效率与可靠性，本章对模型的多重共线性问题进行了检验，具体措施如下：首先，表 4 - 4 所示的自变量之间的皮尔逊相关系数均小于 0.5，不存在较高的零阶相关。

高零阶相关是多重共线性的充分条件，因此进一步检验方差膨胀因子，结果发现方差膨胀因子（VIF）均未超过2.0，远小于10的常用判断标准[47]，表明自变量的共线性在可容忍范围内。其次，根据弗里斯（Frisch）综合分析法，表4－5所示的逐步回归分析估计过程中，新引进解释变量在带来R^2提高的同时，其他参数回归系数在统计和管理理论上仍然是合理的，也表明变量之间的多重共线性是可接受的。

本章采用层次回归法对假设进行检验，分析结果如表4－5所示。

表4－5　层次回归分析（N＝202）

构念	M1	M2	M3	M4	M5	M6
性别	-0.034 (0.759)	-0.017 (0.872)	-0.017 (0.869)	-0.020 (0.844)	-0.025 (0.814)	-0.029 (0.782)
职称	-0.013 (0.878)	-0.017 (0.834)	-0.014 (0.867)	-0.003 (0.970)	-0.044 (0.591)	-0.032 (0.694)
学历	-0.202* (0.024)	-0.209* (0.015)	-0.189* (0.026)	-0.180* (0.032)	-0.188* (0.028)	-0.205* (0.016)
年龄	-0.075 (0.454)	0.033 (0.731)	-0.047 (0.621)	-0.033 (0.727)	-0.009 (0.925)	-0.037 (0.698)
团队数量		0.131* (0.025)	1.156** (0.003)	1.176** (0.002)	0.130* (0.025)	0.143* (0.014)
知识多样性		-0.097+ (0.083)	-0.105+ (0.058)	-0.108* (0.049)	-0.088 (0.115)	-0.116* (0.039)
氛围多样性		-0.108* (0.014)	-0.099* (0.023)	-0.084+ (0.055)	-0.121** (0.006)	-0.088* (0.049)
多任务倾向		0.112* (0.019)	0.113* (0.016)	0.113** (0.006)	0.126* (0.029)	0.111* (0.018)
团队数量平方			-0.161* (0.008)	-0.163** (0.006)		
团队数量×多任务倾向				-0.582* (0.045)		
团队数量平方×多任务倾向				0.617* (0.034)		

构念	M1	M2	M3	M4	M5	M6
知识多样性×多任务倾向					0.091 * (0.029)	
氛围多样性×多任务倾向						0.089 * (0.023)
R^2	0.037	0.150	0.183	0.205	0.173	0.174
ΔR^2	0.037	0.114	0.033	0.022	0.022	0.024
ΔF	1.777 (0.135)	6.130 *** (0.000)	7.304 ** (0.008)	2.508 + (0.084)	4.853 * (0.029)	5.261 * (0.023)

首先进行线性关系分析。模型 M2 为自变量对因变量的线性回归分析，结果表明团队数量与综合绩效显著正相关（b = 0.131，p = 0.025），团队间知识多样性与综合绩效的负相关关系边缘显著（b = -0.097，p = 0.083），假设 2 成立。团队间氛围多样性与综合绩效显著负相关（b = -0.108，p = 0.014），假设 3 成立。此外，多任务倾向与综合绩效也显著正相关（b = 0.112，p = 0.019）。

为检验团队数量与综合绩效之间的非线性关系，模型 M3 加入团队数量平方一项，分析结果表明团队数量的平方项与综合绩效的相关性达到显著（b = -0.161，p = 0.008），表明团队数量与综合绩效的关系为倒 U 形曲线，假设 1 成立。

为检验多任务倾向的调节效应，本章将多任务倾向与对应的自变量分别标准化，并将交互项分别代入回归方程进行分析。模型 M4 是多任务倾向对团队数量与综合绩效的非线性关系的影响分析，结果表明多任务倾向与团队数量平方的交互项和综合绩效显著相关（b = 0.617，p = 0.034），假设 4 - 1 成立。模型 M5 表明知识多样性与多任务倾向的交互项和综合绩效显著正相关（b = 0.091，p = 0.029），且交互项与自变量回归系数符号相反，表明多任务倾向的负向调节作用成立，假设 4 - 2 成立。模型 M6 表明氛围多样性与多任务倾向的交互性和综合绩效显著正相关（b = 0.089，p = 0.023），且交互项与自变量回归系数符号相反，表明多任务倾向的负向调节作用成立，假设 4 - 3 成立。多任务倾向的调节效应如图 4 - 2 所示。

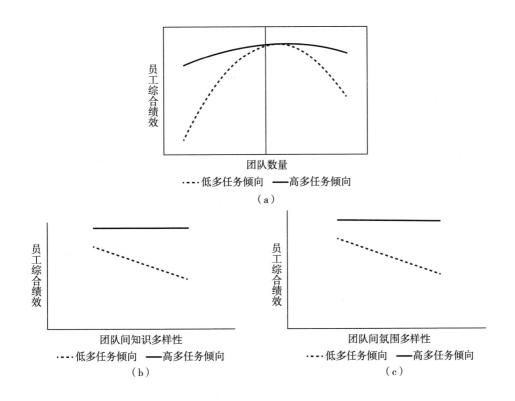

图 4 - 2 多任务倾向的调节效应

第五节 结论分析与建议

一、结论分析

（1）团队数量与员工综合绩效呈∩形的非线性关系，并且会受到员工多任务倾向的影响。本书证实，同时参与多个工作团队有利于改善员工的综合绩效表现，但是当团队数量超过一定范围后，员工的综合绩效反而会受到影响。

（2）团队间多样性，包括知识多样性与氛围多样性都不利于员工的综合绩效。与传统团队内部知识多样性相比，团队间知识多样性对员工综合绩效的负面作用更突出，由于团队的动态结构与频繁的任务转换，员工无法有效吸收和利用多样化知识资源，知识多样性的积极作用得不到体现，认知压力与时间碎片化的负面作用更加明显。氛围多样性则是一个有别于传统团队内部多样性内容的属性，研究证实，团队间氛围多样性作为一种典型非正式制度，会通过内外两种约束机制对员工施加负面影响，表明员工要同时适应多样化工作氛围存在一定困难。

（3）多任务倾向作为一种典型的人格特质，在多团队成员身份情境下能提升员工应对多任务的能力。研究表明，多任务倾向不仅与员工综合绩效有显著的直接关系（$b = 0.112$，$p = 0.019$），还能有效弱化团队数量、团队间多样性等结构要素的负面影响，证实了多任务倾向对员工的认知、情感与行为的稳定、积极影响。

二、理论意义

（1）研究从理论层面回答并证实了多团队成员身份对员工综合绩效的影响机制，以及多任务倾向的边界效应，为探索性的分析观点提供了证据，增强了结论效度。而且，研究基于团队属性，拓展了团队间多样性的内涵与结构，为进一步拓展多团队成员身份研究及构建多团队成员身份理论奠定了基础。

（2）研究丰富了多任务理论的内容并增强了多任务理论的适用性。首先，任务转换影响心理与生理变化的分析范式在本章中得到了普遍应用，表明该范式在组织行为研究中仍然适用，而且是阐释多任务现象的核心机制。其次，团队数量与团队间多样性对综合绩效的主效应体现了多任务的结构性特征的影响，多任务倾向的调节效应体现了多任务的社会性特征的影响。

三、现实意义

首先，团队数量与员工综合绩效之间并非线性关系，要保证员工同时参与的团队数量控制在一定范围内，因此组织需要完善工作设计与工作评估机制，对员工的工作内容与工作负荷进行科学准确的评估，避免员工因为工作任务超负荷而影响绩效表现，当出现明显的超负荷特征或绩效表现开始下降时，要减少团队与任务数量。

其次，在对员工进行团队配置时，要考虑不同团队在知识背景与工作氛围方面的差异，减少团队间多样性，降低管理复杂度。既要避免将员工同时安排到知识背景差异较大的多个团队，防止团队间知识差异给员工造成明显的认知负担和知识管理压力，也要避免将员工同时安排到工作氛围差异较大的多个团队，以保证员工快速适应和融入各团队。

最后，实施多团队成员身份模式还需要考虑员工的个性特点，应尽可能选择那些多任务倾向较高的员工同时参与多个团队：多任务倾向较高的员工往往具有更强的抗压能力和多任务管理能力，对多任务转换有更强的适应能力，在多团队成员身份模式下表现得更好。

四、研究局限与展望

由于理论情境差异，以及多团队成员身份的研究尚不成熟，多团队成员身份模式的要素测量还缺少权威的、取得广泛认同的测量工具和测量方法，可能会影响研究结论的效度。此外，由于管理实践中员工参与的团队数量呈偏态分布，可能会降低线性模型的解释度，或者造成异方差的问题，未来需要考虑用实验研究来弥补问卷调查的不足。

本章后续可拓展的内容非常多：首先，本章只是初步分析了多团队成员身份的几个基本要素的影响效果，但具体的影响机制还需要从不同理论视角进行深入探索。其次，多团队成员身份模式的适用性及其他要素的影响也亟待进一步分析。再次，多团队成员身份模式是跨层次的多主体现象，除了个体层面的研究外，团队层面和组织层面的研究目前也是空白，还有很多内容值得探索研究。最后，多团队成员身份的概念与内涵，以及相应的测量方法等都还有待完善。

本章参考文献

［1］O'Leary M B, Mortensen M, Woolley A W. Multiple Team Membership: A Theoretical Model of Its Effects on Productivity and Learning for Individuals and Teams ［J］. Academy of Management Review, 2011, 36 (3): 461 –478.

［2］Maynard M T, Mathieu J E, Rapp T L, et al. Something (s) Old and Something (s) New: Modeling Drivers of Global Virtual Team Effectiveness ［J］. Journal of Organizational Behavior, 2012, 33 (3): 342 –365.

［3］Cummings J N, Haas M R. So Many Teams, So Little Time: Time Allocation Matters in Geographically Dispersed Teams ［J］. Journal of Organizational Behavior, 2012, 33 (3): 316 –341.

［4］O'Leary M, Mortensen M, Woolley A. Working Together Effectively before It All Goes Downhill ［J］. Iese Insight, 2010 (6): 50 –56.

［5］Mortensen M, Woolley A W, O'Leary M. Conditions Enabling Effective Multiple Team Membership ［C］ // Crowston K, Sieber S, Wynn E. (Eds.) Virtuality and Virtualization ［M］. Boston: Springer, 2007: 215 –228.

［6］Mathieu J, Maynard M T, Rapp T, et al. Team Effectiveness 1997 –2007: A Review of Recent Advancements and A Glimpse into The Future ［J］. Journal of Management, 2008, 34 (3): 410 –476.

［7］Tannenbaum S I, Mathieu J E, Salas E, et al. Teams Are Changing: Are Research and Practice Evolving Fast Enough? ［J］ Industrial and Organizational Psychology, 2012, 5 (5): 2 –24.

［8］Chan K Y. Multiple Project Team Membership and Performance: Empirical Evidence from Engineering Project Teams ［J］. South African Journal of Economic and Management Sciences, 2014, 17 (1): 76 –90.

［9］Hobday M. The Project – Based Organization: An Ideal Form for Managing Complex Products and Systems ［J］. Research Policy, 2000, 29 (7): 871 – 893.

［10］Hansen M T, Haas M R. Competing for Attention in Knowledge Markets: Electronic Document Dissemination in A Management Consulting Company ［J］. Administrative Science Quarterly, 2001, 46 (1): 1 – 28.

［11］Jackson S E, Joshi A, Erhardt N L. Recent Research on Team and Organizational Diversity: SWOT Analysis and Implications ［J］. Journal of Management, 2003, 29 (6): 801 – 830.

［12］Wetherell A, Carter K. The Multitasking Framework: The Effects of Increasing Workload on Acute Psychobiological Stress Reactivity ［J］. Stress and Health, 2014, 30 (2): 103 – 109.

［13］Spink A, Cole C, Waller M. Multitasking Behavior ［J］. Annual Review of Information Science & Technology, 2008, 42 (1): 93 – 118.

［14］Tsui A S, Pearce J L, Porter L W, et al. Alternative Approaches to The Employee – Organization Relationship: Does Investment in Employees Pay Off? ［J］. Academy of Management Journal, 1997, 40 (5): 1089 – 1121.

［15］Kc D S. Does Multitasking Improve Performance? Evidence from The Emergency Department ［J］. Manufacturing & Service Operations Management, 2014, 16 (2): 168 – 183.

［16］Whitfield K. High – Performance Workplace, Training, And the Distribution of Skills ［J］. Industrial Relations, 2000, 39 (1): 1 – 25.

［17］Schmidt A M, Dolis C M, Tolli A P. A Matter of Time: Individual Differences, Contextual Dynamics, and Goal Progress Effects on Multiple – Goal Self – Regulation ［J］. Journal of Applied Psychology, 2009, 94 (3): 692 – 709.

［18］Laxmisan A, Hakimzada F, Sayan O R, et al. The Multitasking Clinician: Decision – Making and Cognitive Demand during and after Team Handoffs in Emergency Care ［J］. International Journal of Medical Informatics, 2007, 76 (11 – 12): 801 – 811.

[19] Monsell S. Task Switch [J]. Trends in Cognitive Science, 2003, 7 (3): 134 – 140.

[20] Karpinski A C, Kirschner P A, Ozer I, et al. An Exploration of Social Networking Site Use, Multitasking, and Academic Performance among United States and European University Students [J]. Computers in Human Behavior, 2013, 29 (3): 1182 – 1192.

[21] Bertolotti F, Mattarelli E, Mortensen M, et al. How Many Teams Should We Manage at Once? The Effect of Multiple Team Membership, Collaborative Technologies, and Polychronicity on Team Performance [C]. 34th International Conference on Information System, Milan, 2013: 1939 – 1949.

[22] Mark G, Gudith D, Klocke U. The Cost of Interrupted Work: More Speed and Stress [C]. Sigchi Conference on Human Factors in Computing Systems, Florence, Italy: ACM, 2008: 107 – 110.

[23] Mom T J M, Van Den Bosch F A J, Volberda H W. Understanding Variation in Managers' Ambidexterity: Investigating Direct and Interaction Effects of Formal Structural and Personal Coordination Mechanisms [J]. Organization Science, 2009, 20 (4): 812 – 828.

[24] Kc D S, Terwiesch C. Impact of Workload on Service Time and Patient Safety: An Econometric Analysis of Hospital Operations [J]. Management Science, 2009, 55 (9): 1486 – 1498.

[25] Wheelwright S C, Clark K B. Revolutionizing Product Development: Quantum Leaps in Speed, Efficiency and Quality [M]. New York: Free Press, 1992.

[26] Horwitz S K, Horwitz I B. The Effects of Team Diversity on Team Outcomes: A Meta – Analytic Review of Team Demography [J]. Journal of Management, 2007, 33 (6): 987 – 1015.

[27] Hopp W J, Van Oyen M P. Agile Work Force Evaluation: A Framework for Cross Training and Coordination [J]. IIE Transacitons, 2004, 36 (10): 919 – 940.

[28] Ancona D G, Caldwell D F. Bridging the Boundary: External Activity and

Performance in Organizational Teams ［J］. Administrative Science Quarterly, 1992, 37 (4): 634 – 665.

［29］段光，杨忠. 知识异质性对团队创新的作用机制分析［J］. 管理学报，2014, 11 (1): 1 – 9.

［30］刘嘉，许燕. 团队异质性研究回顾与展望［J］. 心理科学进展，2006, 14 (4): 636 – 640.

［31］James L R, Jones A P. Organizational Climate: A Review of Theory and Research ［J］. Psychological Bulletin, 1974, 81 (12): 1096 – 1112.

［32］郑晓明，方俐洛，凌文辁. 社会规范研究综述［J］. 心理学动态，1997, 5 (4): 16 – 21.

［33］郭春镇，马磊. 对接法律的治理——美国社会规范理论述评及其中国意义［J］. 国外社会科学，2017 (3): 113 – 124.

［34］隋杨，陈云云，王辉. 创新氛围、创新效能感与团队创新：团队领导的调节作用［J］. 心理学报，2012, 44 (2): 237 – 248.

［35］魏光兴，张舒. 基于同事压力与群体规范的团队合作［J］. 系统管理学报，2017, 26 (2): 311 – 318.

［36］König C J, Waller M J. Time for Reflection: A Critical Examination of Polychronicity ［J］. Human Performance, 2010, 23 (2): 173 – 190.

［37］Kantrowitz T M, Grelle D M, Beaty J, et al. Time Is Money: Polychronicity as A Predictor of Performance Across Job Levels ［J］. Human Performance, 2012, 25 (2): 114 – 137.

［38］Sanderson K R, Bruk – Lee V, Viswesvaran C, et al. Multitasking: Do Preference and Ability Interact to Predict Performance at Work? ［J］. Journal of Occupational and Organizational Psychology, 2013, 86 (4): 556 – 563.

［39］Tett R P, Burnett D D. A Personality Trait – Based Interactionist Model of Job Performance ［J］. Journal of Applied Psychology, 2003, 88 (3): 500 – 517.

［40］Funder D C, Colvin C R. Explorations in Behavioral Consistency: Properties of Persons, Situations and Behaviors ［J］. Journal of Personality and Social Psychology, 1991, 60 (5): 773 – 794.

[41] Kaufman – Scarborough C, Lindquist J D. Time Management and Polychronicity: Comparisons, Contrasts, and Insights for The Workplace [J]. Journal of Managerial Psychology, 1999, 14 (3/4): 288 – 312.

[42] Conte J M, Jacobs R R. Validity Evidence Linking Polychronicity, and Big Five Personality Dimensions to Absence, Lateness, And Supervisory Performance Rating [J]. Human Performance, 2003, 16 (2): 107 – 129.

[43] Conte J M, Gintoft J N. Polychronicity, Big Five Personality Dimensions, and Sales Performance [J]. Human Performance, 2005, 18 (4): 427 – 444.

[44] Madjar N, Oldham G R. Task Rotation and Polychronicity: Effects on Individuals' Creativity [J]. Human Performance, 2006, 19 (2): 117 – 131.

[45] Tiwana A, Mclean E R. Expertise Integration and Creative in Information Systems Development [J]. Journal of Management Information Systems, 2005, 22 (1): 13 – 43.

[46] Schnerder B, Reicher A E. On the Etiology of Climates [J]. Personnel Psychology, 1983, 36 (1): 19 – 39.

[47] 古扎拉蒂·达摩达尔·N. 计量经济学基础（第四版）[M]. 北京: 中国人民大学出版社, 2004.

第五章 团队间多样性对员工创新的影响研究

第一节 研究背景与研究问题

随着信息技术的发展和全球多元化趋势的加强，多团队成员身份模式在各类组织中得到广泛应用。多团队成员身份（Multiple Team Membership）是指员工在一段时期内同时参加多个工作团队的工作组织方式[1]，具有多主体、多层次、周期性、竞争性和嵌套性等特点[2]，是一种复杂的组织管理模式，其影响也存在较大不确定性。如员工同时参加多个不同的团队能够获得更加丰富的职业体验与更好的职业发展机会[3]，但同时会面临诸如由身份冲突带来的心理压力与时间失序等问题[4]。

多团队成员身份在管理实践中非常普遍，但在管理学理论领域却还是一个新主题[5]，目前与之相关的管理学研究还多停留在现象阐释与探索性分析阶段，有影响力的研究成果不多，且很多观点还缺乏有效的证据支持[6][7]。更重要的是，多团队成员身份模式改变了传统团队研究的基础，单一团队成员身份（员工在某段时间内只归属于一个团队）前提被多团队成员身份取代，出现了诸如团队边界模糊、团队结构复杂、员工归属与行为规范多样化等现象，并构成了一种新的理论情境。基于单一团队成员身份的一些传统理论在多团队成员身份情境下是否仍然适用成为一个新问题。团队多样性理论便是其中之一。

团队多样性理论一直以来都是聚焦于团队内部，研究团队内部成员的属性分布及其影响机制。随着多团队成员身份模式的出现与普及，那些同时参与多个工作团队的员工不仅受各团队内部多样性的影响，还会受团队间多样性的影响。由于团队属性与个体属性并不完全相同，且多团队成员身份模式下个体与团队间的归属关系更加复杂，因此团队间多样性的内容与结构更加丰富，可能会超出团队内部多样性理论的解释范畴。例如，当员工同时身处多个工作团队时，会受到多个身份及不同团队规范的约束，而传统的团队多样性理论并不能很好地解释此类情境多样性的问题。

因此，基于多团队成员身份情境研究团队间多样性问题是完善和发展团队多样性理论的重要路径。创新是多样性研究中比较受关注的结果变量，在日趋强烈的创新压力之下，跨界整合知识资源成为创新的重要手段[8]，而多团队成员身份模式具有天然的跨界与整合优势，很多组织对该模式的创新效果寄予了厚望。鉴于多团队成员身份模式的多层次性和复杂性，本章选择在个体层面分析并验证团队间多样性对员工创新的影响机制，完善团队多样性理论，并为多团队成员身份管理提供指导。

第二节　理论基础与研究假设

一、理论基础

团队多样性是指团队内部成员的个体属性差异[9]，如人口统计学特征、认知特征及人格特征等方面的多样性等。传统团队研究大多是基于单一团队情境，员工只参与一个工作团队并将全部工作时间和精力投入在团队任务上，因此传统团队多样性研究几乎都聚焦于团队内部，很少考虑外部多样性的影响[10]。当前观点普遍认为团队多样性是把"双刃剑"，信息过程视角强调团队多样性能够丰富团队成员认知，而人际关系视角认为团队多样性会造成团队内部分层与沟通障碍，由于两种理论视角不兼容，因此难以整合构建系统的理论框架。

多团队成员身份模式扩展了传统团队多样性的理论情境。一是团队通过员工正式嵌入的方式联结多个外部团队网络，这些可见性高、边界清晰、结构稳定的团队增加了团队外部多样性的来源，也使研究团队外部多样性成为可能。二是团队的属性更加丰富，有效扩展了多样性的内容。三是多团队成员身份模式下主体间的多重归属与嵌套关系，使多样性的结构与影响机制更复杂。

多团队成员身份情境下，奥莱利等（2011）基于社会网络理论提出了团队间多样性的概念，用来表示员工同时参与的多个团队之间在某些特征方面的差异[1]。团队属性包含的内容非常广泛，为了提高实证研究的可操作性，本章借鉴传统团队多样性"任务取向—关系取向"的分类方式，将团队间多样性进一步细分为知识多样性与氛围多样性两个维度。

（1）团队间知识多样性是指员工同时参与的多个团队之间在任务内容、所用知识技能、所需经验信息等方面的差异，体现了员工的任务适应性。团队内各成员所拥有的个人知识及团队内部交互所形成的嵌入性情境知识共同构成了团队知识。不同团队的任务特征、成员个体知识及知识管理模式不同，所形成的团队知识也存在差异。员工在每个团队中都具有正式身份并承担具体任务，理解和运用各团队的知识是员工履职的必要条件。

（2）团队间氛围多样性是指员工同时参与的多个团队之间在群体规范、价值观、管理风格等情境特征方面的差异，体现了员工的关系适应性。氛围的本质是个体在与组织情境交互过程中产生的对组织情境的共同心理认知，是一种相对持久的内部环境特征。团队氛围概念的内涵和外延都非常广泛，大多数研究都是将氛围与特定内容结合起来，如创新氛围。团队氛围决定了团队内部的交互方式与行为规则，会深刻影响团队成员的态度、动机和行为，激发人的行为反应[11]。员工同时参与多个团队会同时受到不同团队氛围的影响，在不同团队中需要遵守相应的非正式制度及行为规范。

二、研究假设

知识多样性与氛围多样性是同时参与多个团队的员工所处情境的典型特征，根据情感事件理论的观点，稳定的工作环境特征会导致特定事件，而员工对事件的情感体验会直接驱动其行为，因此本章基于情感事件理论的"事件—情感反应—行为"逻辑来分析团队间多样性情境对员工行为及产出的影响机制。每个员工所参与的团队数量与类型、参与时长与周期、承担任务与要求都有所不同，以致每个员工所处的由多个团队构成的复合情境是不同的，即多团队的工作情境与个体是一对一的关系，因此可以将研究统一到个体层面。

员工创新是常见的组织行为研究变量，通常是基于明确的工作岗位、工作情境或特定任务衡量员工的表现。多团队成员身份模式下，员工对不同团队的情感、态度及工作投入度会有所差别，在各团队中的工作表现也不尽相同，员工在某个团队中的创新表现不足以全面反映其总体创新产出。因此，为区别于传统团队或组织情境下的员工创新行为，本章基于员工创新的一般概念内涵，结合多团队情境，采用综合创新概念反映员工在同时参与多个工作团队的情境下总体的创新表现。

（一）团队间知识多样性对员工综合创新的影响

第六代创新模型认为创新是网络化知识的一体化过程，通过有效的学习行为联结内外部网络的知识以实现知识的重构。"知识多样性促进创新"的观点在传统的团队内多样性研究中已经得到广泛证实，在多团队成员身份情境下，团队间知识多样性也存在类似效应但影响机制却有所不同。

首先，员工同时参与多个知识各异的工作团队时，接触到的知识数量与种类均会数倍于单一团队，知识资源会更加丰富。其次，员工在每个团队都具有正式身份，并与团队其他成员有正式工作交互，高情境嵌入性使员工能够更方便地获得各团队的显性与隐性知识，知识获取成本更低。再次，同时参加多个团队的员工处于整个知识网络的结构洞位置，而且是基于组织正式制度的强联系来联结多个不同知识子网络，具有知识汇聚与碰撞的先天优势，有效促进了知识创新[12]。最后，同时身处多个团队的员工拥有更多的创新场景，相同知识在不同情境下产生不同的应用方式，不同知识在同一情境下有不同的应用方式，不同知识在不同情境下也有不同的应用方式，这些都会更容易产生创造性解决方案，促进创新发生[13]。因此，多团队情境下，创新的资源、手段与情境等要素都得到强化，团队间知识多样性促进员工创新的效应自然也会进一步增强。如陈（2014）的研究证实，多团队成员身份模式能够让员工接触更多知识资源，并促进知识创新[7]。

按照组织适应理论的观点，学习是对外部环境的适应性行为，是组织和个体在不确定性环境中生存的必备技能，环境的复杂性与不确定性都是促进学习的重要因素。同时身处多个团队的员工，所处环境的复杂性和不确定性要远高于单一团队情境，员工必须不断学习才能适应各团队的要求并完成相应任务。第一，员工在每个团队中的身份都具有强制性，掌握每个团队工作所需的知识是员工履职的基本要求，团队间知识多样性越高，员工的履职压力相应越大，必须投入更多精力不断学习才能胜任多身份的要求。第二，面对知识各异的不同团队，员工只有了解各团队的交流方式并掌握相关背景知识技能才可能融入团队并得到认可，获得更多群体支持及更强的自我实现感。第三，员工加入多个团队的重要目的之一是获得更加丰富的职业体验与职业发展机会，面对多样化的知识资源，学习是实现该目标的重要途径。综上，无论是被动还是主动，多团队情境下团队间知识多样性都会有效促进员工学习。

马奇（March，1991）强调，组织和个体必须通过学习对外部知识经验进行选择才能转化为自己的知识[14]，即学习是创新的必要条件，相关研究已证实学习对创新有显著促进作用[15]。根据情感事件理论的逻辑，团队间知识多样性情境下，员工同时身处多个知识资源不同的团队并面对知识需求不同的任务会激发和强化员工主动学习及被动学习的动机，进而表现出相关创新行为。综合上述分析，本章提出假设：

假设1：团队间知识多样性与员工综合创新正相关，员工学习在其中起中介作用。即员工同时参与的多个团队，团队间知识多样性程度越高，员工学习会越积极，相应的员工综合创新也越强。

（二）团队间氛围多样性对员工综合创新的影响

团队氛围是成员对所处团队环境的共同心理认知，这种认知决定了团队内部的一般社会交往环境与行为规范，对员工的动机、态度、信念和价值观都有深刻影响。根据社会规范理论，团队氛围是一种非正式群体规范，会通过内外两种机制约束团队成员的心理规范与行为表现，以保障团队活动一致性和团队目标实现[16]。内在机制是指通过塑造和改变人的认知与偏好来影响行为，外在机制是指通过群体压力及奖惩来影响行为。团队氛围是成员与情境在长期交互中形成的，成员构成与团队情境的差异导致每个团队的氛围都不一样，同时参与多个工作团队的员工会受到不同团队氛围的影响并形成不同的身份规范，这是形成员工身份多样性的重要基础[17]。

身份是对"我是谁"或"我们是谁"的回答[18]，现实生活中人们往往拥有多个不同身份，随着工作环境的多样化和复杂化，身份冲突问题变得日益突出。身份冲突是指不同身份所秉持的价值观、信念、规范和需求等内容的不一致[19]。员工多个身份之间的冲突属于内在冲突，源于不同身份在认知范式与行为规范方面的要求差异造成的自我一致性认知混乱。如团队 A 要求效率第一，团队 B 要求精益求精，当员工同时参加这两个团队时，就可能产生认知与行为的冲突。

团队间氛围多样性是造成身份冲突的重要因素。同时参与多个团队的员工会受到多种团队氛围的约束，每种团队氛围都有相应的群体思维范式与群体行为准则，员工只有遵守这些规范才能融入团队、获得认可并降低不确定性，这也是团队成员身份的重要属性。当员工同时拥有多个团队的成员身份，而这些身份所要求的思维范式与行为准则存在差异时，身份冲突便产生了。一般社会身份（如基于年龄、性别、种族等特征的身份）是有一定弹性的，人们可以自己选择凸显身份的时间、空间及相应规范的执行尺度，如动态建构主义观点指出人们会不停变换凸显自己的身份以求符合该身份的社会期望[20]。但在多团队情境下，员工的每个团队成员身份都是刚性的，每个身份都是组织制度正式授权的，具有不可推卸的责任与义务，履行身份规范的时间和空间取决于组织安排而非个人意志。更重要的是，这些并存的刚性身份存在竞争性，会争夺员工个人有限的时间、精力与认知资源。因此，当团队间氛围多样性较高时，产生身份冲突的可能性与程度会更高。综上。本章提出假设：

假设 2a：团队间氛围多样性与身份冲突正相关。

赫什（Hirsh）等（2016）指出，身份冲突会激活行为抑制系统（Behavioral Inhibition System，BIS），根据神经心理学的研究，行为抑制系统对人的神经生理、身体健康、情绪、幸福感、认知和行为等都有广泛的负面影响[21]。如身份冲突会导致人们过于关注负面信息并经常产生不必要的担忧，进而损害工作记忆效率，抑制与工作相关的信息记忆，以及减弱人们在不同任务间转换和分配注意力的能力[22]。此外，身份冲突不利于自我调节，人们缺乏精力进行思考而做出冲动决策，导致激进行为[23]。按照资源配置理论，人的心理资源是有限的，身份冲突会极大消耗甚至耗竭员工的心理资源，而创新活动需要丰富的认知资源与较强的认知能力，实现对源自不同团队知识的识别、获取、吸收、整合、重构与利用等一系列创新过程，因此身份冲突对于对认知能力要求较高的创新活动是不利的。根据情感事件理论的逻辑，团队间氛围多样性情境下，员工同时身处氛围各异的团队并受到不同的内外部机制约束，会造成员工自我认知混乱并产生一系列负面心理认知，进而影响到员工的创新表现。综上，本章认为：

假设2b：身份冲突与员工综合创新负相关。

假设2c：团队间氛围多样性与员工综合创新负相关，身份冲突在其中起中介作用。

（三）二元路径的相互影响

多团队成员身份情境下，知识多样性与氛围多样性往往是并存的，员工在知识学习的同时也受到身份冲突的困扰，团队间多样性的影响呈现出明显的二元性特征。因此，本章进一步分析员工学习和身份冲突二元路径之间的相互影响。

首先分析身份冲突对员工学习与综合创新关系的影响。创新主要取决于知识源及运用知识的能力[24]，多团队情境下员工的身份冲突会强化员工学习对综合创新的正向影响：一是身份冲突带来的生理与心理压力增强了将学习内容进行创新的动力。为了应对各团队不同的规范要求，员工必须寻找或发展更为高效的工作惯例，有更强的动机将所学习内容进行创新，包括直接参考借鉴其他团队的成熟经验，或整合多样化知识发展适合自己的工作方式。二是身份冲突提升了将学习内容进行创新的能力。对冲突的一般研究表明，冲突会促使员工质疑现有思维的合理性，对待不同观点会更加包容，能够更好地理解复杂问题，有助于整合不同观点形成更具创造性的方案[25]。身份冲突是一种内在认知冲突，有助于员工更加理性地看待团队间知识差异，通过冲突和质疑发现更多创新点并整合所学知识形成创造性成果。因此，本章提出假设：

假设3a：身份冲突正向调节员工学习与员工综合创新的关系，即身份冲突程度越高，员工学习与员工综合创新的正相关效应越强。

其次分析员工学习对身份冲突与综合创新关系的影响。多团队情境下，员工学习会弱化身份冲突对综合创新的负向影响：一是员工学习能够有效提升个体的认知能力，员工通过学习各团队的不同知识，完善自身的知识结构并提升认知深度，会更加客观和理性地处理不同团队间的氛围差异，克服行为抑制系统对认知过程的负面影响。二是员工学习有助于增强自我效能感[26]，员工更有信心面对不同团队成员身份的规范压力，降低负面情绪的影响。员工学习通过提升能力和增强自信，有效补充员工的认知资源，从而抑制身份冲突的负面影响。综上，本章提出假设：

假设3b：员工学习负向调节身份冲突与员工综合创新的关系，即员工学习程度越高，身份冲突与员工综合创新的负相关效应越弱。

综合上述分析，本章的框架如图5-1所示。

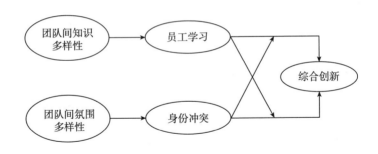

图5-1 研究框架

第三节 研究设计与研究方法

一、调查程序与样本特征

本章的调查对象是在一段时期内同时参与多个工作团队的员工，对样本的要求为：一是半年内有过同时参与多个工作团队经历的员工；二是员工所参与的团队均具有明确任务与正式结构，由多人组成，但对团队存续时间与地理分布并不做特定限制；三是以工作可离度较高的知识型员工为主①。

调查方式包括当面调查与委托调查两种。当面调查是事先根据条件筛选调研对象，并现场发放问卷、现场解释、现场回收检查，以保证数据完整有效。委托调查主要依托企业的人力资源管理部门发放与回收问卷，本次调查企业的人力资源管理部门掌握全体员工的项目工作详细信息，能够确保所选择的调研对象是符合要求的。此外，调查问卷中多处显著标注了"同时参与"等关键词，以提示被调查者注意调查背景。

课题组通过上述两种调查方式，向 5 家江苏企业（包括电力、通信、互联网、机械等不同行业）的技术部门共发放问卷 625 份，回收问卷 551 份（回收率为 88.16%），剔除掉空缺项太多、存在明显数据瑕疵的问卷后得到有效样本 517 份（有效率为 93.83%），其中满足本章要求同时参与两个及两个以上团队的员工样本问卷 395 份。样本特征描述如表 5 - 1 所示。

表 5 - 1　样本描述

性别	人数（人）	比例（%）	职称	人数（人）	比例（%）	学历	人数（人）	比例（%）	年龄	人数（人）	比例（%）	参与团队数量	人数（人）	比例（%）
男性	297	75.19	无	72	18.23	大专	19	4.81	30 以下	197	49.87	2 个	272	68.86
女性	94	23.08	初级	132	33.42	本科	228	57.72	31~40 岁	174	44.05	3 个	81	20.51
缺省	4	1.01	中级	155	39.24	硕士	138	34.94	41~50 岁	21	5.32	4 个	22	5.57
			高级	24	6.08	博士	7	1.77	51~60 岁	2	0.51	5 个	20	5.06
			缺省	12	3.04	缺省	3	0.76	缺省	1	0.25			
合计	395	100	合计	395	100	合计	395	100	合计	395	100.00	合计	395	100

二、测量工具

本章通过问卷调查收集数据，问卷采用 1~6 级李克特量表，1 表示"完全

---

① 工作可离度指员工离开工作岗位参加非工作活动而不影响工作正常开展的限度。

不符合", 6 表示"完全符合"。

传统的团队多样性通常有主观测量与客观测量两种方式,客观测量是利用属性特征值的分布结构反映多样性,主观测量是利用个体对多样性的认知来反映多样性。其中,主观感知的多样性比客观测量的多样性的效应更加显著[27]。

团队间知识多样性是指以团队为载体的团队知识之间的差异,与一般的团队内部知识多样性的载体有所不同,但概念内涵相似。本章借鉴蒂瓦纳(Tiwana)等(2005)对团队内部知识多样性的测量方法[28],结合多团队情境编制了团队间知识多样性量表,共包含四个题项,如"这几个团队分别需要多种不同的知识经验与技能专长""这几个团队所采用的工作方法、工作思路有显著差异"等。该量表基于总体样本的克隆巴赫 α 系数为 0.780。

团队间氛围多样性是指不同团队的工作氛围差异。首先,团队氛围的研究与测量往往是与特定内容有关的,本章聚焦于在短期内能够直接影响员工的工作态度与情感认知的一般工作氛围,包括团队的群体规范和领导风格等。其次,团队氛围是团队内部成员对团队工作情境的共同认知,每个团队的群体认知风格与评判标准不同,致使不同主体的认知不具备可比性,只有基于同一主体的认知才能比较不同团队氛围的差异性。因此,本章以同时参与多个团队的员工为调查对象,通过其对不同团队氛围的认知比较来反映团队间氛围多样性。借鉴传统团队氛围的测量方式,针对短期内会直接影响员工的工作态度与情感认知的一般情境要素如团队领导、管理模式等内容,本章编制的量表包括三个题项,如"这几个团队的管理模式存在显著差异""这几个团队的领导风格有显著差异"等。该量表基于总体样本的克隆巴赫 α 系数为 0.840。

身份冲突采用斯密斯(Smith)等(2013)的研究量表[29],利用员工自我报告的方式测量,共包括五个题项,如"这几个不同身份之间相互产生干扰""同时具有多个身份使我难以区分各团队的工作要求与工作状态"等。该量表基于总体样本的克隆巴赫 α 系数为 0.889。

员工学习量表借鉴林筠等(2014)的探索式学习与利用式学习二维量表[30],结合多团队情境修订而成。利用式学习量表包含五个题项,如"我搜寻新信息的主要目的是优化方法以解决工作问题",探索式学习量表包含五个题项,如"我会倾向于搜寻那些有待验证的或具有高风险性的知识"。利用式学习量表与探索式学习量表基于总体样本的克隆巴赫 α 系数分别为 0.885 和 0.841。

综合创新概念的本质仍然是创新,只是测量情境是基于多团队的,以体现同时参与多个团队的跨边界、多任务和多身份的特点。多团队情境下,传统的上级或同级评价的方式都存在明显的片面性,综合权衡后本章采用员工自陈式量表,让员工自己报告同时参与多个团队期间的创新综合表现。在刘云等(2009)使用的员工创新行为量表基础上[31],结合多团队情境编制综合创新量表,共包含五个题项,如"不同团队的工作经历与体验,会使我经常产生一些有创意的点子或想法""为了实现我的构想或创意,我会想办法争取所需资源,或者整合不同团队的资源"等。该量表基于总体样本的克隆巴赫 α 系数为 0.867。

控制变量包括常见的人口统计学变量,如性别、职称、学历、年龄等。此外,多团队情境下,员工同时参与的团队数量是团队间多样性的基本来源,会对员工认知与行为产生重要影响,也将其作为控制变量。

三、数据检验

本章所采用的团队间知识多样性、团队间氛围多样性等概念均在成熟量表基础上改编得到,因此需要对量表进行检验。根据探索性因子分析与验证性因子分析的数据独立要求,本章利用 SPSS19.0 的数据选择功能,按大约 50% 的比例将 395 个样本随机分成样本量分别为 188 和 207 的两个数据子集。

首先,基于 188 个样本的数据子集进行探索性因子分析,结果表明:KMO 系数为 0.850,具有良好的因子分析适切性,巴特利特球形度检验结果 Sig. 值小于 0.05,$\chi^2 = 2730.500$,df $= 351$,表明适合进行因子分析。探索性因子分析析出六个公共因子,累计解释了总变异量的 67.490%,各因子的载荷系数均大于 0.55 的常见接受标准,具有较好的解释性。基于 188 个样本的数据子集,各构念的克隆巴赫 α 系数均大于 0.7 的常用接受标准。具体结果如表 5 - 2 所示。

其次,基于 207 个样本的数据子集进行验证性因子分析。为了检验构念的区分效度,在六因子模型的基础上,还构建了若干个备选比较模型,由于备选模型较多,表 5 - 3 只报告了部分相近模型的比较结果。通过比较可见,六因子基础

表 5 - 2　探索性因子分析（N = 188）

	因子1	因子2	因子3	因子4	因子5	因子6	Cronbach α 系数
利用式学习4	0.855						
利用式学习1	0.846						
利用式学习2	0.845						0.915
利用式学习5	0.828						
利用式学习3	0.794						
身份冲突3		0.870					
身份冲突4		0.814					
身份冲突2		0.788					0.861
身份冲突5		0.785					
身份冲突1		0.658					
探索式学习2			0.838				
探索式学习4			0.763				
探索式学习1			0.759				0.861
探索式学习3			0.709				
探索式学习5			0.558				
综合创新3				0.847			
综合创新2				0.806			
综合创新4				0.749			0.876
综合创新1				0.746			
综合创新5				0.720			
知识多样性3					0.811		
知识多样性1					0.721		
知识多样性2					0.710		0.791
知识多样性4					0.636		
氛围多样性2						0.846	
氛围多样性3						0.830	0.822
氛围多样性1						0.709	

模型拟合效果显著优于其他备选模型，表明构念间具有良好的区分效度。进一步检验各构念的聚合效度，团队间知识多样性、团队间氛围多样性、身份冲突、利用式学习、探索式学习、综合创新六个构念的因子载荷最小值分别为 0.637、0.766、0.664、0.495、0.533、0.690，除了利用式学习的最小因子载荷略小于0.5 的常用接受标准外，其他均能接受且达到显著性水平。此外，基于 207 个样本的数据子集，各构念的克隆巴赫 α 系数分别为：团队间知识多样性为 0.770、团队间氛围多样性为 0.855、身份冲突为 0.907、利用式学习为 0.847、探索式学习为 0.817、创新行为为 0.860，均达到常见接受标准。

表 5 – 3　探索性因子分析（N = 207）

	χ^2	df	χ^2/df	CFI	GFI	AGFI	RMSEA	$\Delta\chi^2$
基础模型：六因子模型	413.690	292	1.417	0.955	0.874	0.837	0.045	
五因子模型：KD + AD，其他	434.784	293	1.484	0.948	0.869	0.830	0.048	21.094 ***
五因子模型：IL + RL，其他	482.604	293	1.647	0.930	0.861	0.820	0.056	68.914 ***
四因子模型：KD + AD + IC，其他	494.765	295	1.677	0.926	0.859	0.820	0.057	81.075 ***
四因子模型：Il + RL + IN，其他	517.307	295	1.754	0.918	0.857	0.817	0.060	103.617 ***

注：KD 代表知识多样性，AD 代表氛围多样性，IC 代表身份冲突，IL 代表利用式学习，RL 代表探索式学习，IN 代表创新行为。

第四节　实证分析

一、描述性分析

描述性统计分析（见表 5 – 4）表明，各构念的均值与标准差均在正常范围内，主要研究对象之间显著相关，具备进一步分析的可行性。

表 5 - 4 变量描述性统计分析（N = 395）

	均值	标准差	1	2	3	4	5	6	7	8	9	10
1. 性别	0.240	0.428	1.000									
2. 职称	2.340	0.853	-0.048	1.000								
3. 学历	2.340	0.598	-0.100*	0.359**	1.000							
4. 年龄	1.560	0.620	-0.087	0.492**	0.018	1.000						
5. 团队数量	2.468	0.816	0.022	0.008	-0.159**	0.099*	1.000					
6. 知识多样性	4.039	0.942	-0.005	0.044	0.034	0.050	-0.138**	1.000				
7. 氛围多样性	3.623	1.125	0.015	0.004	-0.111*	0.000	-0.115*	0.453**	1.000			
8. 身份冲突	2.670	0.973	0.052	0.135**	-0.031	0.139*	-0.013	0.067	0.229**	1.000		
9. 员工学习	4.207	0.665	-0.054	0.030	0.122*	0.020	-0.039	0.178**	0.015	-0.015	1.000	
10. 综合创新	4.347	0.750	-0.087	0.071	0.041	0.056	0.032	0.236**	-0.063	-0.291**	0.361***	1.000

注：①性别：0 代表男，1 代表女；职称：1 代表无，2 代表初级，3 代表中级，4 代表高级；学历：1 代表大专及以下，2 代表本科，3 代表硕士，4 代表博士；年龄：1 代表 30 岁以下，2 代表 31～40 岁，3 代表 41～50 岁，4 代表 50 岁以上。②*表示 $p < 0.05$，**表示 $p < 0.01$，***表示 $p < 0.001$。

二、回归分析

本章采用多元回归分析法进行逐步分析。由于测量方法存在一定局限，在分析时需要对模型的多重共线性问题进行检验以确保在可接受范围内。首先，表 5 - 4 所示的自变量之间的皮尔逊相关系数均小于 0.5，不存在高零阶相关。高零阶相关是多重共线性的充分条件，因此还需要进一步检验方差膨胀因子，结果发现所有的方差膨胀因子均未超过 2.0，远小于 10 的常见接受标准[32]，表明自变量的共线性在可容忍范围内。其次，根据弗里斯（Frisch）综合分析法，在逐步回归分析过程中，新引进解释变量在带来 R^2 提高的同时，其他参数回归系数在统计与理论上仍然是合理的，也表明自变量之间的多重共线性是可接受的[32]。

本章按照有调节的中介效应模型的检验方法进行检验[33]，回归结果如表 5 - 5 所示。首先检验员工学习路径。如模型 M11 所示，自变量团队间知识多样性与因变量综合创新之间显著正相关（b = 0.254，p = 0.000）；如模型 M12 所示，自变量团队间知识多样性与中介变量员工学习之间显著正相关（b = 0.136，p =

0.001）；如模型 M03 所示，当加入中介变量后，员工学习与综合创新显著正相关（b = 0.338，p = 0.000），同时自变量的影响下降，模型的整体解释性显著提高，因此员工学习的中介效应显著，假设 1 成立；如模型 M04 所示，员工学习与身份冲突的交互项与综合创新显著正相关（b = 0.134，p = 0.004），表明身份冲突对员工学习与综合创新关系起到强化作用，假设 3a 成立。

表 5 - 5　层次回归分析（N = 395）

	M00 综合创新	M01 综合创新	M11 综合创新	M12 员工学习	M21 综合创新	M22 身份冲突	M03 综合创新	M04 综合创新
性别	−0.130	−0.133	−0.102	−0.055	−0.115	0.137	−0.084	−0.079
职称	0.037	0.045	0.073	0.025	0.054	0.123[+]	0.081	0.090
学历	0.026	−0.012	−0.027	0.123	−0.054	−0.063	−0.068	−0.059
年龄	0.072	0.044	0.078	0.041	0.030	0.152	0.064	0.055
团队数量	0.031	0.049	0.044	0.005	0.047	−0.019	0.043	0.049
团队间知识多样性		0.266***	0.254***	0.136**	0.220***	−0.052	0.208***	0.217***
团队间氛围多样性		−0.129**	−0.080*	−0.025	−0.121**	0.219***	−0.071*	−0.080*
员工学习					0.338***	−0.001	0.338***	0.350***
身份冲突			−0.227***	−0.001			−0.226***	−0.241***
员工学习 × 身份冲突								0.134**
R^2	0.017	0.108	0.188	0.048	0.194	0.088	0.274	0.290
ΔR^2	0.017	0.091	0.080	0.048	0.085	0.088	0.165	0.017
ΔF	1.279	18.930***	36.258***	2.307**	38.952***	4.415***	41.723***	8.574**

注：+表示 p < 0.1，*表示 p < 0.05，**表示 p < 0.01，***表示 p < 0.001。

其次检验身份冲突路径。如模型 M21 所示，自变量团队间氛围多样性与因变量综合创新之间显著负相关（b = −0.121，p = 0.001）；如模型 M22 所示，自变量团队间氛围多样性与中介变量身份冲突之间显著正相关（b = 0.219，p = 0.000），假设 2a 成立；如模型 M03 所示，加入中介变量后，身份冲突与综合创新显著负相关（b = −0.226，p = 0.000），假设 2b 成立，同时自变量的影响下降，模型的整体解释性显著提高，因此身份冲突的中介效应显著，假设2c成立；如模型M04所示，身份冲突与员工学习的交互项与综合创新显著正相关，表明员工学习对身份冲突与综合创新关系起到弱化作用，假设3b成立。两条路径的调节效应如图5-2所示。

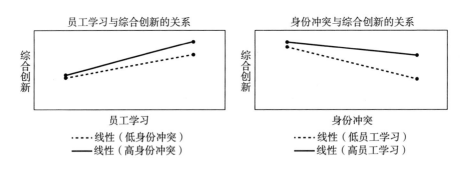

图5-2 调节效应

第五节 结论分析与展望

一、研究结论

（1）团队间知识多样性会促进员工学习，进而提升员工综合创新。多团队情境下，多个不同团队会提供数量更多、类型更丰富的知识资源，员工的多个正式团队成员身份更利于获取和利用知识，不同的团队情境提供了多样的创新场景。相比团队内部知识多样性对创新的影响，团队间知识多样性在资源、手段和情境等方面对创新的作用更为显著，并且通过促使员工主动或被动的学习行为来实现创新。

（2）团队间氛围多样性会造成员工身份冲突，进而抑制员工综合创新。多团队情境下，在每个团队中都具有正式身份的员工会受到多种群体规范的约束，当各团队氛围存在明显差异时，会导致员工产生认知压力乃至认知和行为混乱，即团队间氛围多样性会导致身份冲突。身份冲突会激活行为抑制系统，引发一系列的负面生理与心理反应，并影响员工的综合创新。

（3）员工学习与身份冲突的二元路径之间存在相互影响。多团队情境下，员工学习与身份冲突往往是并存的，两者对综合创新的作用截然相反，同时还存在相互影响。一方面，身份冲突会加强员工将学习内容进行创新的动力与能力，强化员工学习与综合创新的正向关系。另一方面，员工学习会提升员工能力与自信，弱化身份冲突与综合创新的负向关系。

二、研究的理论贡献

（1）扩展了团队多样性理论的适用情境。首先，本章基于多团队情境，将团队多样性的研究从团队内部扩展到团队之间，扩大了团队多样性理论的适用范围，同时也扩展了理论发展空间。其次，对团队间知识多样性的作用路径的研究表明，团队内部知识多样性的分析视角与研究结论在多团队情境下分析团队间知识多样性时仍有一定适用性，只是作用机制有所差异，这进一步证实了结合理论情境完善团队多样性理论的必要性。

（2）丰富了团队多样性理论的内容。首先，本章在团队氛围的基础上结合多团队情境，引入团队间氛围多样性概念，丰富了多样性研究的内容，同时也完善了多团队成员身份模式的结构与内涵。其次，从员工身份视角引入身份冲突解释团队间氛围多样性对综合创新的影响机制，既丰富了团队多样性的研究视角，也完善了创新的前因研究。最后，对员工学习与身份冲突二元路径相互影响的研究，弥补了传统团队内部多样性研究中不同研究视角缺乏整合的不足，将任务取向与关系取向两个维度的多样性整合起来，既加强了理论的系统性，也深化了对团队多样性的理解。

三、研究的现实意义

（1）组织和员工在应用多团队成员身份模式时，要设计合理的团队间多样性结构。一方面，要保持适度的团队间知识差异，让员工有机会参与并融入不同的知识环境，而不仅仅是重复相同工作，以利于员工更有效地学习并促进创新。另一方面，要控制团队间氛围差异性，避免因工作氛围差异太大增加员工的心理负担和认知压力，反而抑制员工的创新表现。管理者要充分理解不同性质多样性的影响机制，发挥团队间多样性的优势并降低负面影响。

（2）员工学习与身份冲突的作用并非孤立的，适当的身份冲突有助于员工将学习内容进行创新，同时员工学习有助于抑制身份冲突的负面影响。为实现团队间多样性的效用最大化，组织需要建立完善的工作负荷监测与调整机制，当员工同时参与多个团队时，要对员工的工作负荷与表现进行有效监测，全面了解员工的身心状态及任务进程和绩效表现，分析判断多团队成员身份模式的运行状态，并制定相应控制策略及时调整。

四、研究局限与展望

本章的主要局限是测量的同源性问题。多团队成员身份模式下，员工与团队是多对多的关系，员工多个身份的存在周期、存续时长均不同，员工对不同团队的态度和投入程度不同，各团队的工作要求与评价尺度也不相同，因此无法采用传统团队研究的配对测量方式。另外，目前关于多团队成员身份的研究也缺乏成熟可靠的测量方法。综合权衡后，本章针对同一主体采用自陈式量表进行测量，尽管数据同源性分析结果在可容许范围内，但仍可能影响结论的可靠性。

多团队成员身份情境下的团队多样性研究还有很多空白领域亟待探索。首先，除了知识多样性与氛围多样性外，还有很多其他团队属性有待探索，而且多团队情境下一些概念的内涵与结构尚不清晰，相关测量工具与测量方法也不成熟，都需要进一步完善。其次，对于团队内多样性研究，多团队成员身份模式还带来了员工工作时间、身份数量等属性的多样性，也有待进一步研究。最后，团队间多样性与团队内多样性的相互影响也值得进一步探索。

本章参考文献

［1］O'Leary M B, Mortensen M, Woolley A W. Multiple Team Membership: A Theoretical Model of Its Effects on Productivity and Learning For Individuals and Teams ［J］. Academy of Management Review, 2011, 36（3）: 461 –478.

［2］段光, 庞长伟, 金辉. 多团队成员身份研究述评 ［J］. 管理学报, 2015, 12（12）: 1872 –1891.

［3］Mortensen M, Woolley A W, O'Leary M. Conditions Enabling Effective Multiple Team Membership ［C］// Crowston K, Sieber S, Wynn E.（Eds.）Virtuality And Virtualization ［M］. Boston: Springer, 2007: 215 –228.

［4］Smith – Lovin L. Self, Identity, And Interaction in An Ecology of Identities ［C］// Burke P J, Owens T J, Sterp R T. et al.（Eds.）Advances in Identity Theory and Research ［M］. Springer US, 2003: 167 –178.

［5］Tannenbaum S I, Mathieu J E, Salas E, et al. Teams Are Changing: Are Research and Practice Evolving Fast Enough? ［J］. Industrial and Organizational Psychology, 2012, 5（5）: 2 –24.

［6］Maynard M T, Mathieu J E. Rapp T L, et al. Something（s）Old and Something（s）New: Modeling Drivers of Global Virtual Team Effectiveness ［J］. Journal of Organizational Behavior, 2012, 33（3）: 342 –365.

［7］Chan K Y. Multiple Project Team Membership and Performance: Empirical Evidence from Engineering Project Teams ［J］. South African Journal af Economic and Management Sciences, 2014, 17（1）: 76 –90.

［8］倪旭东, 薛宪方. 基于知识异质性团队的异质性知识网络运行机制 ［J］. 心理科学进展, 2013, 21（3）: 389 –397.

［9］Williams K Y, O'Reilly C A. Demography and Diversity In Organizations: A

Review of 40 Years of Research ［J］. Research in Organizational Behavior, 1998, 20 (3): 77 – 140.

［10］Cummings J N. Work Groups, Structural Diversity, and Knowledge Sharing in A Global Organization ［J］. Management Science, 2004, 50 (3): 352 – 364.

［11］隋杨, 陈云云, 王辉. 创新氛围、创新效能感与团队创新: 团队领导的调节作用 ［J］. 心理学报, 2012, 44 (2): 237 – 248.

［12］Mcfadyen M A, Semadeni M, Cannella A A. Value of Strong Ties to Disconnected Others: Examining Knowledge Creation in Biomedicine ［J］. Organization Science, 2009, 20 (3): 552 – 564.

［13］Luan K, Ling C D, Xie X Y. The Nonlinear Effects of Educational Diversity on Team Diversity ［J］. Asia Pacific Journal of Human Resource, 2016, 54 (4): 465 – 480.

［14］March J G. Exploration and Exploitation In Organizational Learning ［J］. Organization Science, 1991, 2 (1): 71 – 87.

［15］Atuahene – Gima K, Murray J Y. Exploratory and Exploitative Learning in New Product Development: A Social Capital Perspective on New Technology Ventures in China ［J］. Journal of International Marketing, 2007, 15 (2): 1 – 29.

［16］郑晓明, 方俐洛, 凌文辁. 社会规范研究综述 ［J］. 心理学动态, 1997, 5 (4): 16 – 21.

［17］Zika – Viktorsson A, Sundström P, Engwall M. Project Overload: An Exploratory Study of Work and Management in Multi – Project Settings ［J］. International Journal of Project Management, 2006, 24 (5): 385 – 394.

［18］Pratt M G, Forman P O. Classifying Managerial Responses to Multiple Organizational Identities ［J］. Academy of Management Review, 2000, 25 (1): 18 – 42.

［19］Horton K E, Bayerl P S, Jacobs G. Identity Conflicts at Work: An Integrative Framework ［J］. Journal of Organizational Behavior, 2014, 35 (S1): S6 – 22.

［20］Scheuringer B. Multiple Identities: A Theoretical and An Empirical Approach [J] . European Review, 2016, 24 (3): 397 – 404.

[21] Hirsh J B, Kang S K. Mechanisms of Identity Conflict: Uncertainty, Anxiety, and The Behavioral Inhibition System [J] . Personality and Social Psychology Review, 2016, 20 (3): 223 – 244.

[22] Eysenck M, Derakshan N, Santos R, et al. Anxiety and Cognitive Performance: Attentional Control Theory [J] . Emotion, 2007, 7 (2): 336 – 353.

[23] Inzlicht M, Kang S K. Stereotype Threat Spillover: How Coping with Threats to Social Identity Affects Aggression, Eating, Decision Making, and Attention [J] . Journal of Personality and Social Psychology, 2010, 99 (3): 467 – 481.

[24] Taylor A, Greve H R. Superman or The Fantastic Four? Knowledge Combination and Experience in Innovative Teams [J] . Academy of Management Journal, 2006, 49 (4): 723 – 740.

[25] Chen G, Liu C, Tjosvold D. Conflict Management for Effective Top Management Teams and Innovation in China [J] . Journal of Management Studies, 2005, 42 (2): 277 – 300.

[26] 刘小平. 自我效能感在企业情景中的应用 [J] . 外国经济与管理, 1999 (9): 12 – 16.

[27] Strauss J P, Barrick M R, Connerley M L. An Investigation of Personality Similarity Effects (Relational and Perceived) on Peer and Supervisor Ratings and The Role of Familiarity and Liking [J] . Journal of Occupational & Organizational Psychology, 2001, 74 (5): 637 – 657.

[28] Tiwana A, Mclean E R. Expertise Integration and Creative in Information Systems Development [J] . Journal of Management Information Systems, 2005, 22 (1): 13 – 43.

[29] Smith L G E, Amiot C E, Smith J R, et al. The Social Validation and Coping Model of Organizational Identity Development: A Longitudinal Test [J] . Journal of Management, 2013, 39 (7): 1952 – 1978.

[30] 林筠, 王蒙. 交互记忆系统对团队探索式学习和利用式学习的影响:

以团队反思为中介［J］．管理评论，2014，26（6）：143 – 176.

［31］刘云，石金涛．组织创新气氛与激励偏好对员工创新行为的交互效应研究［J］．管理世界，2009（10）：88 – 101，114.

［32］古扎拉蒂·达摩达尔·N．计量经济学基础（第四版）［M］．北京：中国人民大学出版社，2004.

［33］刘东，张震，汪默．被调节的中介和被中介的调节：理论构建与模型检验［C］//陈晓萍，徐淑英，樊景立．组织与管理研究的实证方法（第二版）［M］．北京：北京大学出版社，2012：543 – 577.

第六章　多团队成员身份情境下边界活动对团队绩效的影响研究

第一节　研究背景与研究问题

传统团队研究大多是基于单一团队成员身份前提[1]，即员工在某段时期只归属于一个团队，团队具有清晰的边界与稳定的结构，并通过边界与外部环境分隔开以保持内部交互独立性与系统性。随着信息技术的发展与社会多元化趋势的增强，组织中的工作设计不再受时间与空间限制，员工也不再局限于在固定时间与固定地点工作，多团队成员身份模式——员工在一段时期内同时参与多个工作团队的工作组织方式——得到了广泛应用[2]。多团队成员身份是一个新的研究主题，相关文献目前非常缺乏[3][4]。更重要的是，多团队成员身份为管理学研究尤其是团队研究提供了一种新的理论情境，为发展相关管理理论提供了空间。

从团队边界管理的角度看，多团队成员身份改变了传统团队研究的前提，员工得到制度授权同时参与多个团队，导致团队成员的心理边界模糊、团队结构复杂，团队内部一致性与系统性受到明显影响。边界管理是一种分析团队与外部环境关系的动态观点与新思路[5]，常见的边界管理活动包括边界跨越、边界强化与边界缓冲三种[6]。有关边界管理的早期文献将边界活动视为团队对外界的依赖问题，强调要增强边界的渗透性以获取更多外部资源，以完成团队任务并维持团队持续发展，因此边界跨越一直是团队边界研究的热点[7]。在多团队成员身份情境下，目标团队会基于组织制度安排并通过成员正式嵌入其他团队的方式，构建与外部团队的正式跨界联结，但这种制度性跨界活动与传统团队跨界活动有明显区别[8]，在跨界动机、行为性质、团队内部结构与交互过程等方面均有所差异，传统团队跨界研究的观点是否适用于多团队成员身份情境尚不得而知[9]。

多团队成员身份情境下，团队内部管理难度增加，会出现如内部认知混乱、协调困难等问题[10]。边界缓冲与边界强化等活动在传统团队情境下能够有效提高团队内部一致性与凝聚力[6]，通过平衡不同边界活动提升团队有效性[11]。但是，边界管理的传统研究过于关注边界跨越而忽视了其他边界活动[12]，缺乏不同边界活动的协同分析，多团队成员身份情境下的边界活动平衡更是研究空白，无法为新情境下的团队边界管理提供有效支持。

综上，本章将以实施多团队成员身份模式的工作团队为研究对象，通过实证分析研究团队成员进行制度性边界跨越活动对团队绩效的作用机制，并针对多团队成员身份模式带来的团队边界模糊问题研究边界缓冲与边界强化的协同影响机制。本章的理论价值一是将基于传统单一团队成员身份情境的团队边界研究拓展至多团队成员身份情境，加强边界管理理论的适用性；二是通过构建系统性研究框架，将三种不同边界活动纳入一个框架分析协同效应，加强边界管理理论的系统性。此外，本章还为方兴未艾的多团队成员身份研究提供了有效的理论视角，也为组织和团队的边界管理实践提供了理论依据。

第二节　理论基础与研究假设

一、理论基础

（一）多团队成员身份

多团队成员身份是指员工在一段时期内同时参与多个不同工作团队的工作组织模式，该模式具有一些不同于传统团队组织模式的特点[13]。在个体层面，员工参与每个团队都是得到组织授权的，员工在每个团队中的身份都具有强制不可退缩性，享有相应的权利并承担对应的义务。在团队层面，多团队成员身份意味着目标团队中有部分（甚至全部）成员同时还参与了其他若干个工作团队，这些成员同时承担着不同团队的多项任务，同时接受多个团队的工作指令并遵守不同的规范要求，这种结构会严重削弱目标团队的内部一致性。对多团队成员身份的探索性研究普遍认为，目标团队可以通过成员的多重跨界活动获取更多外部资源，促进团队学习与团队有效性[2]，但员工的多重制度性跨界活动会带来时间与精力碎片化问题，并导致目标团队内部认知混乱和协调困难[10]，既增加了员工的信息管理复杂性和工作规划难度[14]，也增加了目标团队管理异质性观点与多样化心智模式的成本[15]，并影响团队目标实现。

从边界管理角度看，传统团队跨界是指团队为实现任务目标，与外部环境中相关主体建立关系并保持互动的过程[16]，强调行为的主动性和非正式性[17]。多团队成员身份情境下，目标团队成员与外部多个团队建立联系，在形式上与传统跨界活动相似，但跨界行为动机与交互方式有明显差别。一方面，组织出于降低成本、提高效率、增强柔性等目的，具有强烈动机推行多团队成员身份模式[18]，很多团队与员工却是被动接受，而且员工对待不同团队的认知、态度与情感不同，往往缺乏构建和利用跨界联系为特定团队服务的动力。另一方面，以正式制度构建的跨团队联结赋予了员工多个正式身份，多身份员工会直接影响目标团队的内部交互过程及内部一致性，增加了团队管理难度，也影响了目标团队对引入资源的利用。因此，多团队成员身份情境下的跨界活动是一种制度性行为，在资源获取与资源利用等方面存在高度不确定性。

多团队成员身份为研究边界缓冲与边界强化也提供了更契合的理论情境。员工同时参与多个其他工作团队后，在目标团队投入的时间与精力会明显减少，时间与精力碎片化问题不仅会降低员工对目标团队的认同感，加剧员工心理边界模糊，还会导致目标团队成员间的交互减少，目标团队内部一致性与系统性受到影响。因此，通过有效的边界巩固活动抵御外部干扰和提高内部一致性，在多团队成员身份情境下就显得尤为重要，研究不同边界管理活动的协同效应也具有更重要的理论与现实意义。

(二) 团队边界管理

　　边界是通过物理、时空或认知等要素来定义一个领域，以相互区别并在领域内定义内部结构[19]。组织中的边界往往是基于身份、职能、人口特征、文化、地域或时间等要素产生的[20]，在组织管理中非常重视员工对边界的心理认知。严（Yan）等（1999）提出了边界管理的三维过程——跨越、强化与缓冲[6]，成为后续团队边界研究的重要基础。

　　(1) 任何组织系统都无法孤立存在，需要跨越边界与外部进行大量交易和互动，一些团队的绩效甚至高度依赖团队的跨界活动[21]。边界跨越是团队管理对外部环境依赖性的重要活动，包括合作、侦测与代表三种方式：合作活动是与同层级其他团队讨论、反馈、谈判的协作行为；侦测活动是对环境的常规信息搜索，是一种追踪信息和建立关系的主动行为；代表活动是向上进行游说以获取高层支持及资源的行为[22]。跨越活动是团队边界研究的核心问题，在单一团队成员身份情境下，团队对外界的依赖性很强，需要跨越边界获得资源促进目标达成，很多研究都证实边界跨越会有效提升团队绩效和改善团队创新[23][24]。

　　(2) 边界强化活动聚焦于团队内部，将松散个体整合成有凝聚力的集体并保证充分的资源。当团队成员与团队资源围绕共同的目标或任务紧密组织起来时，相对于外部的松散关系，团队边界就自然产生或得到强化。边界强化主要有两种实现途径：一是将成员的注意力、精力和资源吸引到团队使命或任务上，从而产生团队向心力；二是创造一种支持性的团队氛围，让员工产生一种"我们与众不同"的集体认知[22]。

　　(3) 边界缓冲是为了将团队与外部干扰隔离，达到改善内部理性的目的，具体活动内容包括控制外部输入的资源数量与质量，以及预防内部关键信息与资源的泄露。为了进行边界缓冲，团队需要构建应对干扰的正式与非正式规则策略，并持续探测和处理外部干扰。例如，员工会面临来自技术、管理、文化、政治等领域的各种干扰，团队需要构建规则引导员工对各种需求进行优先级排序，并合理保存和分配有限的资源[25]。

　　三种边界管理活动有明显差异但又紧密相关。从活动性质看，边界跨越是对边界的突破和渗透，将外部资源视为促进性要素，边界缓冲与边界强化是对边界的巩固，将外部资源视为干扰性要素。从活动方向看，边界跨越与边界缓冲是外向活动，强调识别外部资源与处理外部关系，边界强化是内向活动，强调改善内部结构与认知[5]。从活动过程看，边界跨越是创造和引入新需求，边界缓冲则是过滤和减少需求。从活动目的看，边界跨越是主动构建外部关系以获取所需资源，边界缓冲是通过隔离来抵御外部干扰并提高内部理性，边界强化则是通过巩固边界提升内部一致性[26]，三者都是为了实现团队目标和提高团队有效性。

豪厄尔（Howell）等（2006）强调，不同边界活动对于提升团队有效性都非常重要，但一定要协同运用不同的边界活动[27]。过于重视边界跨越会造成协调困难、凝聚力低等问题，过于重视边界强化与边界缓冲则会导致排外、从众、缺乏主动性等问题[28]。关于不同边界活动的协同，索耶（Sawyer）等（2010）提出分时协同方式，在团队发展的不同阶段采用差异化的边界策略，以软件开发团队为例，在需求分析阶段侧重边界跨越，在开发阶段则侧重边界强化[29]，这种协同方式显然无须考虑不同边界活动的相互影响。德伊（Dey）等（2017）在团队边界活动的文献综述基础上提出并行协同方式，将边界跨越与边界强化两种策略按照高低组合为四种类型，不同组合类型会带来不同影响，由于不同边界活动之间的关系尚无实证研究证据[12]，并行协同方式的效果还停留在推论阶段。

在单一团队成员身份情境下，团队往往难以同时实施几种相悖的边界策略，导致研究不同边界活动的协同效应缺乏足够的现实基础。另外，研究者过于关注跨界活动忽视了其他边界管理活动[16]，也使很少有研究将不同边界活动同时纳入到一个框架研究相互影响与协同效应。因此，不同边界活动的理论研究一直是分离的，相互间的影响也并不清楚，一定程度上制约了边界活动的协同应用。

二、研究假设

传统的团队跨界研究视角大致可以分为协调、学习与网络三种，其中网络视角的研究将跨界活动置于社会网络框架中进行分析，并利用社会网络的结构与相关概念将跨界研究推向深化[30]，如利用网络联结数量与联结关系强度分析跨界活动的结构等。同时，社会网络也是多团队成员身份研究的一个重要视角[2]，结合跨界活动的内涵与多团队成员身份模式的结构特征,从网络视角看,同时参与其他团队的员工可以视为目标团队对外跨界联结的网络结构洞,将目标团队与外部相关主体联结起来,对目标团队获取和利用外部资源起到关键作用。一方面,处于结构洞位置的员工数量非常重要,决定了目标团队获取和利用外部资源的渠道规模;另一方面,处于结构洞位置的员工对目标团队的影响又是相对的,取决于员工在目标团队内部的交互对象规模与交互影响范围。考虑以上两点,借鉴奥莱利等用团队数量表征多团队成员身份结构的思路[2],本章采用多团队成员占比概念,利用目标团队中同时参与其他工作团队的成员数量占目标团队总人数的比例描述目标团队对外跨界联结的结构特征,以反映团队制度性跨界活动对团队有效性的影响。

(一) 多团队成员占比对内隐协调的影响

传统的团队跨界行为是以保证目标团队利益为前提的,具有唯一团队身份的成员为了实现团队目标而开展对外跨界与内部交互协同。但在多团队成员身份情境下,当目标团队中有成员跨越团队边界并以正式身份同时参与其他工作团队时,具有多个团队身份的员工需要同时兼顾多个团队的目标,导致其时间与精力被分散,最直接的影响就是减少了目标团队内部成员间的交互,既不利于团队知识整合,也不利于发展群体认知[31]。从边界管理角度看,跨界活动获取的信息与资源如果得不到有效整合就无法实现竞争优势[32]。协调是对任务、资源及人员之间依赖性的有效管理,其中外显协调是通过沟通、交流和反馈等手段来协同团队成员的行为,内隐协调则是团队成员基于对任务和其他成员的需求预期来调整自身行为以达到协同目的[33]。从形成机制看,外显协调是通过制度、规范或管理者介入而产生的外显的有意识行为,内隐协调是由深层认知驱动的自发的无意识行为。相对外显协调,内隐协调对于异时团队或异地团队等在时空上分离的群体协作更有意义,效果也更为持久,即使环境发生变化,内隐协调仍能维持成员间的协作模式并应用于相似任务[34]。早期的团队协调研究多聚焦于外显协调,研究相对较为成熟,结合员工心理认知在团队边界管理中的重要性,以及多团队成员身份情境下制度性跨界行为对员工边界认知的影响,并考虑到内隐协调与研究情境的契合性,本章选择将内隐协调作为重要的团队过程机制。

内隐协调是一种由认知驱动的动态协调模式，团队构成与团队沟通是影响内隐协调的重要因素，相似的背景更容易形成默契，有效的沟通有助于加深相互理解与信任并形成良性互动[35]。多团队成员占比反映了目标团队的跨界活动的结构特征，对目标团队的内隐协调有重要影响。同时参与多个团队的员工扮演着跨界者的角色[36]，会给目标团队带来两个直接影响：一是这些成员跨越目标团队的边界，以正式成员身份嵌入并连接多个其他不同团队，会接收到不同类型的信息并受到不同工作规范的约束，并会有意无意地向目标团队引入多样化的认知方式、行为方式及异质性观点，有助于拓展目标团队认知，但同时增加了目标团队的异质性管理成本[37]，多样化的认知方式与行为方式大大增加了团队成员之间准确预期彼此需求的难度，不利于形成内隐协调。二是这些跨界成员在目标团队中投入的时间与精力会减少，与目标团队其他成员没有充分的时间进行有效沟通，不利于增强互信与了解，也不利于消化所引入的外部知识并发展共同认知[31]，增加了内隐协调的难度。基于上述两点，目标团队中同时参与多个工作团队的成员比例越高，团队内部多样性越高，内部沟通难度越大，发展共同认知越难，越不利于目标团队形成内隐协调。因此，本章提出假设：

假设 1：多团队成员占比与内隐协调负相关。

（二）边界强化与边界缓冲的调节效应

边界强化是克服跨界行为负面影响的一种应对策略，通过内向的边界管理策略提高团队凝聚力与有效性。边界强化的实现途径有两种：吸引聚焦、构建氛围。前者是吸引成员注意力与团队资源聚焦于团队任务与团队过程，后者是强化成员的共同认知与认同感来提升效能，构建氛围的具体措施又包括强化归属感、增强交流互动、培养自豪感三种[5]。多团队成员身份情境下，边界强化是解决员工身份冲突与心理边界模糊等问题的重要手段，能有效弱化多团队成员占比对内隐协调的负面影响。

首先，边界强化的吸引聚焦活动会让目标团队的成员更专注于团队任务，对任务的目标、过程、资源等的理解更深刻，进而会有针对性地引入团队所需要的资源，并按照团队期望的方式开展工作活动，降低团队的异质性管理难度。其次，构建氛围活动的各项措施会显著增强成员对目标团队的认同感与吸引力，使员工会自愿在目标团队中投入更多时间与精力，目标团队在争夺员工注意力资源过程中的竞争优势更强。在良好的团队氛围中，成员之间会进行更频繁的良性沟通交互，形成更强的员工互信并发展出更高质量的共同认知。综上，边界强化活动能够针对性地化解多团队成员占比高对团队内隐协调的不利影响，因此，本章提出假设：

假设2a：边界强化会削弱多团队成员占比与内隐协调的负相关关系，即目标团队的边界强化越明显，多团队成员占比与内隐协调的负相关效应越弱。

边界缓冲是克服边界跨越行为负面影响的另一种应对策略，通过控制、转移和拒绝等手段进行外向的边界巩固。边界缓冲的实施过程包括构建规则、探测与处理干扰需求[25]。首先，目标团队会在团队与成员两个层面构建各种需求的优先级排列规则，为资源保障与需求过滤提供依据，以便将资源集中于最重要的任务上。其次，团队会不断扫描和分析外部各种需求，根据需求优先级采取不同的应对策略，包括接受、过滤、转移、拒绝等，以尽量降低对内部过程的干扰。通过边界缓冲活动，一方面可以让员工构建并明确目标团队任务的优先级并保持相应的资源投入，同时抵御低优先级需求的干扰以保证资源投入的连续性，避免因频繁的任务切换加剧时间与精力碎片化，影响在目标团队的投入；另一方面，团队与员工可以在规则范围内以正式方式过滤或拒绝干扰性需求，也可以通过一般性原则以非正式方式筛选、忽视和排除干扰性需求，使团队成员能够专注于团队任务与内部交互，保证交互时间与交互质量，从而提升内隐协调。综上，本章提出假设：

假设2b：边界缓冲会削弱多团队成员占比与内隐协调的负相关关系，即目标团队的边界缓冲越明显，多团队成员占比与内隐协调的负相关效应越弱。

（三）内隐协调对边界活动与团队绩效关系的中介作用

内隐协调是提升团队有效性的关键过程要素之一[33]。首先，内隐协调的核心机制是成员会基于对其他成员的预期主动调整自己的行为，增强了团队的自我调节能力及对环境的适应能力。其次，内隐协调能够替代团队的外显协调，团队不需要将大量时间用于制度性、程序性的沟通及组织协调工作上，增加了与任务相关活动的可用时间，也提高了团队交互的流畅性[38]。最后，内隐协调是成员进行自我调整以适应他人的互利行为，有助于团队内部成员互助、监督与工作分担[39]，改善团队成员间的合作效果[40]，减少团队内部合作的过程损耗，如行为不同步或反复沟通造成的时间浪费等。因此，内隐协调有助于改善团队绩效，例如，在快节奏工作团队中，成员依靠相互间的默契无须语言交流就能有效协作，进而提升工作效率、改善工作质量等。因此，本章提出假设：

假设3a：内隐协调与团队绩效正相关。

传统团队跨界行为有助于团队获得外部资源来改进内部过程[16]，进而促进团队绩效[41]。多团队成员身份情境下，员工得到组织授权同时归属于多个工作团队，占据网络结构洞位置并进行制度性跨界活动，这与传统团队跨界活动的影响有明显差别。首先，员工由于具有多个正式身份并同时承担多个任务，在目标团队中投入的时间和精力会显著减少，而员工在团队投入时间与团队绩效显著正相关[42]，多团队成员占比越高，目标团队中员工的时间投入损耗也越严重，团队绩效会受到更多负面影响。其次，员工的多重身份往往会导致身份冲突，带来员工心理边界模糊、认知压力增大等问题[43]，会降低团队内部互动质量、降低团队凝聚力、增加内部管理困难，多团队成员占比越高，这些问题相应越严重，也会影响团队绩效。最后，员工的多重归属及多元身份会降低其向目标团队引入外部资源的动力，而且时间与精力的碎片化和投入度减少，会影响员工参与目标团队内部交互及目标团队消化吸收所引入资源的过程，削弱了外部资源对团队过程改进与绩效提升的作用。因此，本章认为多团队成员占比与团队绩效负相关，结合假设1对多团队成员占比与内隐协调的关系分析，以及假设3a对内隐协调与团队绩效的关系分析，本章提出假设：

假设3b：多团队成员占比与团队绩效负相关，且内隐协调在其中具有中介作用。

根据爱德华兹等对被中介的调节效应（类型Ⅰ）的传统定义及分析过程[44]，进一步分析内隐协调对边界强化与边界缓冲的调节效应的中介过程。首先，多团队成员占比会通过增加目标团队的异质性程度、减少目标团队内部交互两种机制削弱团队内隐协调过程，而边界强化会通过吸引、聚焦、深化成员对团队的理解以降低异质性,通过构建氛围增加员工的时间与精力投入,弱化多团队成员占比高对内隐协调的负面影响。其次,内隐协调会节约团队协调的时间、提高协调的质量、减少团队的过程损耗,达到改善团队绩效的作用。最后,多团队成员占比对团队绩效具有负面影响,并且会通过内隐协调的中介过程实现,而边界强化会调节多团队成员占比与内隐协调的关系。综合以上几点,本章提出假设:

假设4a:边界强化会弱化多团队成员占比对团队绩效的负面影响,并且内隐协调中介了边界强化的调节效应。

在多团队成员占比对内隐协调产生负面影响的基础上,边界缓冲会通过构建规则明确任务优先级和保证员工连续投入,通过探测和处理干扰需求增加成员的专注度与投入度,从而弱化多团队成员占比对内隐协调的负面影响。结合多团队成员占比对团队绩效的负面影响,以及内隐协调的中介作用,本章提出假设:

假设4b:边界缓冲会弱化多团队成员占比对团队绩效的负面影响,并且内隐协调中介了边界缓冲的调节效应。

本章的研究框架如图6-1所示。

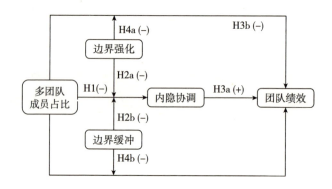

图6-1 研究框架

第三节　研究设计

一、调查程序与样本特征

本章的问卷调查对象为企业中的工作团队，基本条件是样本团队中有成员同时还参与了组织内其他工作团队，具体要求包括：①组织中具有正式结构与明确任务的工作团队，且成立时间超过 1 个月。组织确认成立的正式工作团队具有制度合法性，满足多团队成员身份研究的基本要求；限制最短成立时间是因为成立时间太短的团队往往还未形成有效的内隐协调机制。②近半年内团队中有至少 1 名成员还同时参与其他工作团队。调查时间设置为半年内，主要是为了避免调查对象因时间久远而记忆模糊，以及团队成员变动太大。③以工作可离度较高的知识型团队为主，如研发、设计、咨询等专业团队。这类团队成员的工作时间与地点安排相对自由，多团队成员身份模式应用普遍，调查方便且成本更低。

具体调查程序为：①通过目标企业的人力资源管理部门了解工作团队的基本情况，人力资源管理部门掌握企业所有团队与员工的工作数据，对团队人员配置非常了解，可以准确找到满足条件的目标团队。②联系目标团队并了解团队现状，解释调研的过程与要求，先向团队主管发放问卷，现场填写后回收。③结合人力资源部门提供的名单与团队主管建议，确定团队中过去半年内有过同时参与多个工作团队经历的成员名单，并直接向这些成员发放员工问卷，现场解释、填写后回收。④本次问卷为匿名调查，由于主管问卷与员工问卷需要配对，为消除被调查对象的担心，采用课题组成员现场发放、解释、填写、核对、回收的调查方式，确保问卷不被所在企业其他人员接触，保证回收率与问卷质量。

按照调查程序，课题组共在 8 个企业（涵盖互联网、电力、设计咨询等不同行业）获得 79 个团队样本数据，回收了 79 份有效主管问卷和 303 份有效员工问卷，员工样本的特征描述如表 6-1 所示，团队样本的特征描述如表 6-2 所示。

表 6-1　员工样本描述 （N=303）

性别	人数（人）	占比（%）	年龄	人数（人）	占比（%）	学历	人数（人）	占比（%）	职称	人数（人）	占比（%）
男	229	75.58	30 岁以下	135	44.55	大专及以下	32	10.56	无	60	19.80
女	73	24.09	31~40 岁	146	48.18	本科	145	47.85	初级	51	16.83
缺省	1	0.33	41~50 岁	22	7.26	硕士	122	40.26	中级	155	51.16
			50 岁以上	0	0.00	博士	3	0.99	高级	33	10.89
			缺省	0	0.00	缺省	1	0.33	缺省	4	1.32
合计	303	100.00	合计	303	100.00	合计	303	100.00	合计	303	100.00

表 6-2　团队样本描述 （N=79）

MTM员工数	团队数量（个）	占比（%）	企业性质	团队数量（个）	占比（%）	团队类型	团队数量（个）	占比（%）	团队规模	团队数量（个）	占比（%）	成立时长	团队数量（个）	占比（%）
1	5	6.33	国有	23	29.11	研发	39	49.37	2~3 人	7	7.59	0~6 月	20	25.32
2	14	17.72	民营	55	69.62	服务	3	3.80	4~6 人	18	22.78	7~12 月	22	27.85
3	11	13.92	外资	0	0.00	职能	7	8.86	7~9 人	24	30.38	13~18 月	16	20.25
4	23	29.11	合资	1	1.27	营销	1	1.27	10~12 人	15	18.99	19~24 月	12	15.19
5	16	20.25	其他	0	0.00	咨询	29	36.71	13~15 人	11	13.92	25~30 月	4	5.06
6	7	8.86				其他	0	0.00	>15 人	4	5.06	>30 月	5	6.33
7	1	1.27												
8	2	2.53												
合计	79	100.00	合计	79	100.00	合计	79	100.00	合计	79	100.00	合计	79	100.00

注：MTM 员工数表示目标团队中同时参与其他团队的员工数量。

二、测量工具

为避免数据同源性问题，本章采用团队主管与成员配对调查的方式，主管问卷测量团队的基本信息、团队边界管理策略及团队绩效，员工问卷测量内隐协调。主管问卷与员工问卷均采用 1-6 级李克特量表，1 表示"完全不符合"，6 表示"完全符合"。量表条目如表 6-3 所示。

表6－3　构念条目、探索性因子分析与信度检验

构念		条目	因子载荷	EFA分析检验结果	Cronbach's α
主管问卷	边界强化	我们团队尽量让员工明确自己的团队身份和团队目标	0.821	KMO＝0.902，巴特利特球形度检验：$\chi^2＝1034.926$，df＝28（p＝0.000）	0.877
		我们团队的形象和任务与部门（或组织）其他团队有显著差别	0.863		
		我们团队在与外部重要人士交往中，给对方留下了清晰的形象	0.807		
		团队成员们对于团队形象和团队身份达成共识	0.769		
	边界缓冲	团队能够有效规避或缓解外部压力，以确保团队工作免受干扰	0.842		0.913
		团队拒绝外界的过多信息或要求，从而避免团队"超负荷"	0.858		
		我和团队能够有效帮助成员应对和管理来自外部的各种要求	0.843		
		团队成员在得到有效保护和缓冲的环境中工作	0.879		
	团队绩效	团队成员的工作效率很高	0.812		0.912
		团队成员工作很努力	0.792		
		团队成员很关注自己工作的质量	0.832		
		团队成员总是能按要求甚至超额完成任务	0.879		
		团队成员总能高标准地完成任务	0.798		
		团队成员尽职尽责，保证及时完成任务	0.792		
员工问卷	内隐协调	团队成员们不需要沟通就能够预知彼此的行动	0.761	KMO＝0.840，巴特利特球形度检验：$\chi^2＝601.657$，df＝91（p＝0.000）	0.935
		团队成员们不需要沟通就能够预知彼此的需求	0.779		
		为达成共同目标，大家会调整行为并互相适应	0.857		
		团队成员们不用请求就会主动提供工作相关信息	0.851		
		团队成员们会主动分担工作量	0.863		
		团队成员们会监督工作过程与工作结果	0.870		
		团队成员们会采取相应行动以达到预期目标	0.834		
		团队成员们在内部互动中会互相协调	0.865		

团队主管问卷中，边界强化与边界缓冲的量表借鉴法拉吉（Faraj）等

（2009）的研究[26]，团队绩效量表借鉴乔斯沃德（Tjosvold）等（2000）的研究[45]，量表的具体条目未做更改并基于英文版本进行双译处理得到，基于79份主管问卷进行构念内部一致性检验，各构念的克隆巴赫α系数如表6-3所示。员工问卷中内隐协调量表借鉴可汗（Khan）等（2010）的研究[46]，量表的具体条目未做更改并基于英文版本进行双译处理得到，基于303份员工问卷进行构念内部一致性检验，克隆巴赫α系数如表6-3所示。

多团队成员占比的测量是根据"目标团队中同时参与多个工作团队的员工数量/目标团队的总人数"公式计算得到，该指标介于0到1（含）之间，数据来源于主管问卷提供的团队基本信息，均为客观数据。

本章将团队类型、团队成立时长、团队规模、企业性质等作为控制变量。根据德伊（Dey）等基于文献综述对影响边界活动的前因及边界条件等因素的总结[12]，团队类型体现了任务特征，是影响边界活动的重要前因，团队类型的编码依次为：①研发团队；②技术服务团队；③职能团队；④营销团队；⑤设计咨询团队；⑥其他。团队成立时长反映了团队发展阶段与任务阶段，会影响边界活动与团队绩效的关系，团队成立时长单位为月。企业性质则间接体现了环境特征（规范性、文化、变革等）对团队边界活动的影响，企业性质的编码依次为：①国有企业；②民营企业；③外资企业；④合资企业；⑤其他。团队规模是团队的结构要素，会影响团队成员间准确认知及认知分享的难度，影响内隐协调的关键要素构成[47]，还会影响团队内部一致性的形成，影响边界强化与边界缓冲活动的效果，团队规模的单位为人。本章通过控制这些因素，更准确地揭示研究变量间的关系。

三、数据检验

首先，对303份员工问卷样本进行数据检验。由于量表条目是翻译得到，考虑到情境适应性问题，对量表分别进行探索性因子分析与验证性因子分析。按照样本独立的原则，303个样本按照大约50%的比例分为样本量分别为158与145的两个子样本。基于158个子样本的探索性因子分析共析出一个因子，具体载荷系数与检验结果如表6-3所示。基于145个子样本进行验证性因子分析，模型拟合指数为：$\chi^2 = 19.498$，$df = 18$，$\chi^2/df = 1.083$，$CFI = 0.998$，$GFI = 0.970$，$AGFI = 0.941$，$RMSEA = 0.024$。各因子载荷均达到显著程度。

内隐协调是在个体层面测量的，需要聚合到团队层面，聚合检验结果为：Rwg 的最大值为 0.991，最小值为 0.800，中位值为 0.961，大于 0.7 的常用接受标准；ICC（1）为 0.453，ICC（2）为 0.761，均达到常用接受标准。

其次，对 79 份主管问卷样本进行数据检验。由于主管问卷样本划分成两个完全独立的子样本后，子样本量均太小，不完全满足检验的样本量要求，本章按照大约 80% 的比例从总体样本中抽取出数量为 64 的子样本进行探索性因子分析，析出三个因子，各因子载荷均大于 0.5 的常用接受标准，具体结果如表 6-3 所示。

基于 79 份主管问卷全样本的验证性因子分析检验拟合指数为：$\chi^2 = 68.316$，$df = 67$，$\chi^2/df = 1.020$，$CFI = 0.998$，$GFI = 0.890$，$AGFI = 0.827$，$RMSEA = 0.016$。各构念的题项因子载荷介于 0.738 与 0.891 之间，均大于 0.5 的常用接受标准，而且三因子模型的拟合度明显优于备选的二因子与单因子模型，分析结果如表 6-4 所示。

表 6-4　团队问卷验证性因子分析（N = 79）

	χ^2	df	χ^2/df	CFI	GFI	AGFI	RMSEA	$\Delta\chi^2$
TDJX, BJHC, BJQH	68.316	67	1.020	0.998	0.890	0.827	0.016	
TDJX, BJHC + BJQH	77.735	68	1.143	0.986	0.879	0.812	0.043	9.419**
BJQH, TDJX + BJHC	95.011	68	1.397	0.962	0.859	0.782	0.071	26.690***
BJHC, TDJX + BJQH	95.703	68	1.407	0.961	0.861	0.785	0.072	27.387***
TDJX + BJHC + BJQH	101.924	70	1.456	0.955	0.855	0.782	0.076	33.608***

注：① + 表示 $p < 0.1$，* 表示 $p < 0.05$，** 表示 $p < 0.01$，*** 表示 $p < 0.001$，下同。②TDJX 代表团队绩效，BJHC 代表边界缓冲，BJQH 代表边界强化，下同。

第四节　数据性分析

一、描述性分析

数据描述性分析表明，各构念的均值与标准差均在正常范围内，主要因果变量间有显著的相关性，具备进一步分析的可行性，分析结果如表6-5所示。

表6-5　相关性分析（N=79）

	均值	标准差	1	2	3	4	5	6	7	8	9
1. TDGM	8.78	3.849	1.000								
2. QYXZ	1.73	0.524	-0.289**	1.000							
3. TDLX	2.72	1.860	0.040	0.423***	1.000						
4. CLSC	14.33	10.723	0.204	0.303**	0.330**	1.000					
5. MTM	0.48	0.190	-0.527***	0.238*	0.073	-0.158	1.000				
6. NYXT	4.01	0.966	0.169	-0.283*	-0.543***	-0.141	-0.376**	1.000			
7. BJQH	4.22	0.875	0.136	-0.378**	-0.559***	0.004	-0.328**	0.382**	1.000		
8. BJHC	3.90	0.969	0.119	-0.271*	-0.425***	-0.239*	-0.332**	0.459***	0.477***	1.000	
9. TDJX	4.54	0.777	0.122	-0.277*	-0.133	-0.004	-0.391***	0.399***	0.362**	0.267*	1.000

注：TDGM表示团队规模；QYXZ表示企业性质；TDLX表示团队类型；CLSC表示成立时长；MTM表示多团队成员占比；NYXT表示内隐协调；下同。

二、回归分析

根据研究假设与模型分析的需要，本章按照被中介的调节模型的检验步骤进行回归分析[44]。具体分析结果如表6-6所示。

表 6-6 回归分析 (N=79)

变量	团队绩效					内隐协调				团队绩效	
	M0	M1	M2	M3	M4	M5	M6	M7	M8	M9	M10
TDGM	0.018 (0.541)	−0.023 (0.448)	−0.038 (0.193)	−0.019 (0.528)	−0.022 (0.466)	0.095** (0.002)	0.048 (0.122)	0.053+ (0.07)	0.049 (0.114)	−0.032 (0.269)	−0.038 (0.206)
QYXZ 1	−0.220 (0.822)	−0.059 (0.949)	−0.119 (0.892)	−0.319 (0.724)	0.083 (0.928)	0.231 (0.85)	0.553 (0.553)	0.136 (0.881)	0.585 (0.531)	−0.354 (0.687)	−0.101 (0.909)
QYXZ 2	−0.927 (0.353)	−0.415 (0.660)	−0.640 (0.479)	−0.905 (0.336)	−0.427 (0.652)	0.266 (0.793)	0.699 (0.466)	0.157 (0.867)	0.684 (0.476)	−0.946 (0.301)	−0.642 (0.480)
TDLX 1	−0.211 (0.420)	−0.387 (0.151)	−0.771** (0.009)	−0.444+ (0.091)	−0.413 (0.130)	1.227*** (0.000)	1.195*** (0.000)	1.131*** (0.000)	1.160*** (0.000)	−0.742* (0.012)	−0.779** (0.009)
TDLX 2	0.192 (0.705)	0.095 (0.850)	−0.526 (0.320)	−0.129 (0.794)	0.047 (0.926)	1.798** (0.001)	1.931*** (0.000)	1.683** (0.001)	1.868** (0.001)	−0.571 (0.275)	−0.542 (0.310)
TDLX 3	0.211 (0.567)	0.036 (0.921)	−0.409 (0.283)	0.059 (0.865)	0.043 (0.905)	1.489*** (0.000)	1.382*** (0.000)	1.407*** (0.000)	1.391*** (0.000)	−0.311 (0.414)	−0.395 (0.303)
TDLX 4	0.114 (0.887)	−0.422 (0.592)	−0.858 (0.264)	−0.627 (0.414)	−0.441 (0.577)	2.038* (0.015)	1.355+ (0.093)	1.129 (0.146)	1.331+ (0.099)	−0.924 (0.225)	−0.860 (0.266)
CLSC	−0.006 (0.624)	−0.007 (0.527)	−0.009 (0.417)	−0.011 (0.325)	−0.007 (0.534)	0.002 (0.879)	0.005 (0.660)	0.001 (0.938)	0.005 (0.652)	−0.011 (0.301)	−0.009 (0.424)
BJQH		0.183 (0.169)	0.211+ (0.098)	0.196 (0.130)	0.177 (0.185)		−0.087 (0.517)	−0.073 (0.571)	−0.095 (0.483)	0.215+ (0.089)	0.207 (0.107)
BJHC		0.045 (0.673)	−0.004 (0.971)	0.015 (0.885)	0.035 (0.743)		0.150 (0.164)	0.117 (0.260)	0.138 (0.205)	−0.016 (0.875)	−0.008 (0.935)
MTM		−1.425* (0.018)	−0.898 (0.132)	−0.986 (0.104)	−1.340* (0.029)		−1.639** (0.008)	−1.153+ (0.060)	−1.528* (0.014)	−0.683 (0.257)	−0.859 (0.156)
NYXT			0.322** (0.007)							0.263* (0.031)	0.315** (0.009)
MTM*BJQH				0.176* (0.022)				0.194* (0.012)		0.125 (0.107)	
MTM*BJHC					0.061 (0.444)				0.080 (0.326)		0.036 (0.638)
R^2	0.139	0.278	0.355	0.334	0.284	0.427	0.519	0.563	0.526	0.380	0.357
ΔR^2	0.139	0.139	0.077	0.056	0.006	0.427	0.093	0.044	0.007	0.102	0.079
ΔF	1.408 (0.208)	4.299** (0.008)	7.866** (0.007)	5.528* (0.022)	0.593 (0.444)	6.509**** (0.000)	4.303** (0.008)	6.667* (0.012)	0.979 (0.326)	5.371** (0.007)	3.998* (0.023)

注：QYXZ 1~2 和 TDLX 1~4 为构造的哑变量。

首先进行主效应与中介效应的分析。如模型 M6 所示，以内隐协调（NYXT）为因变量的回归分析表明，多团队成员占比（MTM）与团队内隐协调（NYXT）显著负相关（b = -1.639，p = 0.008），假设 1 成立；如模型 M1 所示，以团队绩效为因变量的回归分析表明，多团队成员占比（MTM）与团队绩效显著负相关（b = -1.425，p = 0.018）；如模型 M2 所示，以团队绩效为因变量的回归分析表明，内隐协调（NYXT）与团队绩效显著正相关（b = 0.322，p = 0.007），假设 3a 成立，模型 M2 是在 M1 的基础上加入内隐协调（NYXT），发现多团队成员占比（MTM）的直接效应变得不显著（b = -0.898，p = 0.132），表明内隐协调的中介效应显著，假设 3b 成立。

其次进行调节效应的分析。模型 M7 的交互分析表明，多团队成员占比（MTM）和边界强化（BJQH）的交互项与内隐协调（NYXT）显著正相关（b = 0.194，p = 0.012），且交互项与自变量的符号相反，表明边界强化削弱了多团队成员占比与内隐协调间的负相关关系，假设 2a 成立。模型 M8 的交互分析显示，多团队成员占比（MTM）和边界缓冲（BJHC）的交互项与内隐协调（NYXT）的关系未达到显著程度（b = 0.080，p = 0.326），表明边界缓冲对多团队成员占比与内隐协调间的关系无显著影响，假设 2b 不成立。

最后进行有中介的调节效应分析。模型 M3 的交互分析表明，多团队成员占比（MTM）和边界强化（BJQH）的交互项与团队绩效显著正相关（b = 0.176，p = 0.022），且交互项与自变量的符号相反，表明边界强化削弱了多团队成员占比与团队绩效的负相关关系。模型 M9 在模型 M3 的基础上，加入中介变量内隐协调（NYXT）后，内隐协调与团队绩效显著正相关（b = 0.263，p = 0.031），自变量多团队成员占比（MTM）对团队绩效的影响不显著（b = -0.683，p = 0.257），交互项的影响也变得不显著（b = 0.125，p = 0.107），结合模型 M1 与 M3 的分析结果，表明边界强化的调节效应被内隐协调完全中介了，因此假设 4a 成立。模型 M4 的交互分析表明，多团队成员占比（MTM）和边界缓冲（BJHC）的交互项与团队绩效的关系也未达到显著程度（b = 0.061，p = 0.444），表明边界缓冲对多团队成员占比与团队绩效的关系没有显著影响，假设 4b 不具备进一步分析的基础，因此假设 4b 不成立。模型 M10 同样证明了内隐协调在多团队成员占比与团队绩效之间的中介效应。

三、结论分析

（1）多团队成员占比与团队绩效负相关。边界跨越是团队边界管理的核心活动，传统跨界研究大多是基于单一团队成员身份情境分析非正式的跨界活动，研究普遍证实跨界活动对团队产出具有积极效应。本章基于多团队成员身份情境的实证分析发现，员工同时参与其他团队的制度性跨界活动会降低目标团队的绩效水平，这与传统团队跨界研究的观点截然相反。

本章认为理论情境差异是导致结论不同的关键。单一团队成员身份情境下，员工拥有唯一的正式身份，为了实现团队目标具有引入外部资源的天然动机，团队具有利用清晰的边界维护内部交互过程系统性和完整性的制度性权力，为有效吸收和利用外部资源提供了保证。从团队 IPO（输入—过程—输入）过程看，有效的输入与有效的过程带来了有效的产出。多团队成员身份情境下，员工的多重身份既弱化了其为目标团队引入外部资源的动机，多重身份带来的时间与精力碎片化问题也弱化了员工引入资源的能力，目标团队的内部交互过程也受到制度性破坏，因此团队产出必然受到不利影响。两种情境对比充分体现了传统团队跨界研究在新的理论情境下的局限性，也体现了多团队成员身份情境对于理论发展的价值，以及发展边界管理理论的必要性。

（2）边界强化与边界缓冲的调节效应存在差异。本章整合边界跨越与边界巩固两类不同性质的活动，验证了不同边界活动对团队绩效的交互影响，弥补了传统边界研究重视边界跨越忽视其他边界活动及不同边界活动缺乏整合研究的不足。根据边界活动的内涵及边界理论的传统观点，边界强化与边界缓冲是利用不同手段对边界进行巩固，以达到提升团队有效性的目的，但这一观点在多团队成员身份情境下并未得到完全支持。

本章证实，边界缓冲对多团队成员占比与团队绩效的关系并无显著影响，即边界缓冲对改善团队有效性并无显著作用，这与边界缓冲的传统研究观点并不一致，本章认为主要原因在于：在多团队成员身份情境下，员工得到制度授权同时加入多个团队，每个团队都有构建和巩固其边界，并且依托边界抵御外部干扰与管理内部成员的制度性权力，但这也导致团队间的相互干扰具有了合法性。具体而言，员工同时参与的每个其他团队都有权力向员工提出工作需求，并且这些需求不用通过正式途径下达到目标团队，也无须得到目标团队批准，导致目标团队的边界缓冲活动（如筛选、拒绝等）无用武之地。即使目标团队通过构建规则明确任务优先级，但在其他团队的类似边界缓冲活动的影响下，任务优先级的效果也会被削弱。因此，边界缓冲活动在多团队成员身份情境下缺乏可操作性，对团队产出无显著影响，也说明在新的理论情境下需要进一步完善和发展边界活动的内涵。

本章证实边界强化会显著弱化多团队成员占比与团队绩效的关系，表明边界强化活动在多团队成员身份情境下仍有助于提升团队有效性，这与传统边界研究的观点一致，说明边界强化具有较好的情境适应性。尽管多个团队对同一员工同时具有制度性管理权力，但员工在不同团队任务上的关注度和投入度仍由其自己决定，目标团队可以通过吸引聚焦、构建氛围等手段提高对员工的吸引力，让员工在目标团队投入更多时间与精力，加强团队内部交互，提高团队内部一致性，从而达到有效巩固边界的作用。

（3）内隐协调仍然是重要的团队过程机制。传统团队研究认为内隐协调是一种高效的动态协调方式，本章证实内隐协调在多团队成员身份情境下仍然是重要的团队过程机制，扩展了内隐协调的适用范围。目标团队有成员同时参与其他团队，难以保证所有员工进行面对面的实时工作，而且制度性跨界活动对团队内部一致性造成负面影响，这些都给团队的显性协调带来困难。内隐协调是团队成员基于共同认知与互信进行默契的有效协作，本章从边界管理视角证实，制度性跨界活动对团队绩效的直接效应与边界强化活动的调节效应都是通过内隐协调实现的，表明内隐协调高度契合多团队成员身份情境，是团队的重要过程机制。

第五节　研究意义与展望

本章基于多团队成员身份情境，研究了团队边界活动对团队绩效的影响机制。研究表明，多团队成员占比这一制度性跨界活动的结构要素对团队绩效有负面影响，边界强化能够显著缓解这种负面效应，但边界缓冲对这种负面效应无显著影响。此外，多团队成员占比对团队绩效的影响及边界强化的调节效应会通过内隐协调的中介过程发挥作用。

一、研究的理论意义

首先，本章拓展了边界管理理论的适用情境，完善了边界管理理论的内容。传统边界管理研究都是基于单一团队成员身份情境，并聚焦于非正式的跨界活动，缺少不同边界活动的整合分析。本章基于多团队成员身份情境，研究证实制度性的边界跨越活动对团队绩效的影响与传统跨界研究结论相反，边界缓冲的作用也有别于传统边界理论的观点。本章充分体现了多团队成员身份情境的理论价值和拓展边界管理理论的必要性，差异化的研究结论也丰富了边界管理理论的内容，对不同边界活动协同影响机制的研究弥补了传统边界研究重视跨界忽视其他边界活动、对不同边界活动缺乏整合、研究系统性不足的问题，加强了边界管理理论的系统性。

其次，本章为多团队成员身份的理论研究提供了有效视角。研究从边界管理角度分析了多团队成员占比对团队绩效的影响，为解析多团队成员身份模式的结构特征与分析多团队成员身份模式的有效性提供了有价值的理论视角，基于问卷数据的实证分析也弥补了目前多团队成员身份研究缺乏证据的不足[3]，为多团队成员身份理论的构建和发展奠定了基础。

二、研究的现实意义

在团队管理实践中，让成员同时参与其他工作团队会直接减少其在团队任务上的时间与精力投入，并影响团队内部交互，无论团队过程还是团队产出都会受到负面影响，因此管理者要制定具体应对措施。一是要控制目标团队中同时参与其他团队的员工相对数量，以确保目标团队内部交互的充分性与有效性，能够充分吸收和利用所引入的外部资源，发挥跨界活动的优势。二是要重视团队内部建设，尤其是要提升团队对员工的吸引力与构建良好团队氛围，增强成员的心理边界意识和团队认同感，具体措施包括明确愿景使命、提升团队综合实力、改善管理方式、增加内部交流互动、增强成员互信等。三是要重视发展团队内隐协调机制，通过改善团队成员的构成和加强团队沟通，提高成员间默契与协调效率。

三、局限与展望

本章的研究存在一定局限与不足。首先，基于多团队成员身份情境的理论研究文献尤其是实证研究还很少，相关概念缺乏成熟可靠的测量工具，本章采用的多团队成员占比概念，测量方式是根据多团队成员身份情境下的跨界活动内涵与研究内容设计的，测量效度还需要进一步验证。其次，本章是将员工同时参与多个团队视为制度性边界跨越活动，实际上传统团队跨界的非正式行为仍然存在，本章并未区分制度性跨界与非正式跨界行为的作用及相互影响。此外，本章以团队中同时参与多个团队的员工比例为自变量，主要考虑了跨界相对联结数量的影响，未考虑不同团队间差异性，以及员工在目标团队的时间与精力投入比重的影响，简化了制度性跨界过程。

基于多团队成员身份情境发展传统管理研究正在成为一种重要的组织行为研究范式。关于多团队成员身份情境下的边界管理还有很多内容亟待研究。首先，需要结合多团队成员身份情境发展和更新边界活动的概念，比如区分制度性跨界与非制度性跨界活动，更新边界缓冲与边界强化的内涵。其次，可以基于多团队成员身份结构的研究，进一步深入分析边界跨越活动的结构特征与影响，比如边界跨越的直接与相对数量、跨界多样性、跨界者的时间配置方式等。再次，需要结合多团队成员身份情境的特点，发展相关概念的测量方法与量表工具，为实证研究奠定基础。最后，从边界管理视角对多团队成员身份模式开展直接研究也是一个重要的发展方向，包括多团队成员身份模式的结构、前因与有效性研究等。

本章参考文献

［1］Kozlowski S W J, Ilgen D R. Enhancing the Effectiveness of Work Groups and Teams ［J］. Psychological Science in The Public Interest, 2006, 7 (3): 77 – 124.

［2］O'Leary M B, Mortensen M, Woolley A W. Multiple Team Membership: A Theoretical Model of Its Effects on Productivity and Learning for Individuals and Teams ［J］. Academy of Management Review, 2011, 36 (3): 461 – 478.

［3］Chan K Y. Multiple Project Team Membership and Performance: Empirical Evidence from Engineering Project Teams ［J］. South African Journal of Economic and Management Sciences, 2014, 17 (1): 76 – 90.

［4］Maynard M T, Mathieu J E, Rapp T L, et al. Something (s) Old and Something (s) New: Modeling Drivers of Global Virtual Team Effectiveness ［J］. Journal of Organizational Behavior, 2012, 33 (3): 342 – 365.

［5］石冠峰，林志扬. 团队建设研究的新思路：边界管理的视角 ［J］. 中国工业经济，2010 (1): 128 – 132.

［6］Yan A, Louis M R. The Migration of Organizational Functions to The Work Unit Level: Buffering, Spanning, and Bringing Up Boundaries ［J］. Human Relations, 1999, 52 (1): 25 – 47.

［7］奉小斌. 研发团队跨界行为对创新绩效的影响——任务复杂性的调节作用 ［J］. 研究与发展管理，2012, 24 (3): 56 – 65.

［8］Choi J N. External Activities and Team Effectiveness Review and Theoretical

Development [J]. Small Group Research, 2002, 33 (2): 181 –208.

[9] Mortensen M, Woolley A W, O'Leary M. Conditions Enabling Effective Multiple Team Membership [C] // Crowston K, Sieber S, Wynn E. (Eds.) Virtuality and Virtualization. Boston [M]. Boston, MA: Springer, 2007: 215 –228.

[10] Edmondson A C, Nembhard I M. Product Development and Learning in Project Teams: The Challenges Are The Benefits [J]. Journal of Product Innovation Management, 2009, 26 (2): 123 –138.

[11] Han J, Han J, Brass D J. Human Capital Diversity in The Creation of Social Capital for Team Creativity [J]. Journal of Organizational Behavior, 2014, 35 (1): 54 –71.

[12] Dey C, Ganesh M P. Team Boundary Activity: A Review and Directions for Future Research [J]. Team Performance Management, 2017, 23 (5/6): 273 –292.

[13] 段光, 庞长伟, 金辉. 多团队成员身份研究述评 [J]. 管理学报, 2015, 12 (12): 1872 –1891.

[14] Cronin M A, Weingart L R. Representational Gaps, Information Processing, and Conflict in Functionally Diverse Teams [J]. Academy of Management Review, 2007, 32 (3): 761 –773.

[15] Zaheer A, Soda G. Network Evolution: The Origins of Structural Holes [J]. Entrepreneurship Research Journal, 2009, 54 (1): 1 –31.

[16] Marrone J A. Team Boundary Spanning: A Multilevel Review of Past Research and Proposals for The Future [J]. Journal of Management, 2010, 36 (4): 911 –940.

[17] 袁庆宏, 张华磊. 研发团队跨界活动对团队创新绩效的"双刃剑"效应——团队反思的中介作用和授权领导的调节作用 [J]. 南开管理评论, 2015, 18 (3): 13 –23.

[18] Pratt M G, Forman P O. Classifying Managerial Responses to Multiple Organizational Identities [J]. The Academy of Management Review, 2000, 25 (1): 18 –42.

［19］Kreiner G E, Hollensbe E C, Sheep M L. On the Edge of Identity: Boundary Dynamics at The Interface of Individual and, Organizational Identities ［J］. Human Relations, 2016, 59 (10): 1315 - 1341.

［20］Pushpa R R, Mathew M. Interactive and Collaborative Behavior of Software Product – Development Teams ［J］. Team Performance Management, 2010, 16 (7/8): 434 - 450.

［21］Carbonell P, Escudero A I R. The Dark Side of Team Social Cohesion in NPD Team Boundary Spanning ［J］. Journal of Production Innovation Management, 2019, 36 (2): 149 - 171.

［22］Chitra D, Ganesh M P. Team Boundary Activity: A Review and Directions for Future Research ［J］. Team Performance Management, 2017, 23 (5/6): 273 - 292.

［23］Sleep S, Bharadwaj S, Lam S K. Walking A Tightrope: The Joint Impact of Customer and With – Firm Boundary Spanning Activities on Perceived Customer Satisfaction and Team Performance ［J］. Journal of The Academy of Marketing Science, 2014, 43 (4): 472 - 489.

［24］Somech A, Khalaili A. Team Boundary Activity: Its Mediating Role in The Relationship between Structural Conditions and Team Innovation ［J］. Group & Organization Management, 2014, 39 (3): 274 - 299.

［25］Cross R L, Yan A, Louis M R. Boundary Activities in "Boundaryless" Organizations: A Case Study of A Transformation to A Team – Based Structure ［J］. Human Relations, 2000, 53 (6): 841 - 868.

［26］Faraj S, Yan A. Boundary Work in Knowledge Teams ［J］. Journal of Applied Psychology, 2009, 94 (3): 604 - 617.

［27］Howell J M, Shea C M. Effects of Champion Behavior, Team Potency, and External Communication Activities on Predicting Team Performance ［J］. Group & Organization Management, 2006, 31 (2): 180 - 211.

［28］赵波，严俊杰，徐文君. 团队边界活动研究回顾、述评与展望 ［J］.

南京邮电大学学报（社会科学版），2017，19（4）：71-79.

［29］Sawyer S, Guinan P J, Cooprider J. Social Interactions of Information Systems Development Teams：A Performance Perspective ［J］. Information Systems Journal, 2010, 20（1）：81-107.

［30］薛会娟. 国外团队跨界行为研究回顾与展望 ［J］. 外国经济与管理, 2010, 32（9）：10-15.

［31］Wilson J M, Goodman P S, Cronin M A. Group Learning ［J］. Academy of Management Review, 2007, 32（4）：1041-1059.

［32］Arnett D B, Wittmann C M. Improving Marketing Success：The Role of Tacit Knowledge Exchange between Sales and Marketing ［J］. Journal of Business Research, 2014, 67（3）：324-331.

［33］Rico R, Sánchez-Manzanares M, Gil F, et al. Team Implicit Coordination Processes：A Team Knowledge-Based Approach ［J］. Academy of Management Review, 2008, 33（1）：163-184.

［34］薛会娟. 团队协调的双重机制：外显协调和内隐协调 ［J］. 科技管理研究, 2010（14）：172-174.

［35］Lowry P B, Roberts T L, Jr N C R. What Signal is Your Inspection Team Sending to Each Other? Using A Shared Collaborative Interface to Improve Shared Cognition and Implicit Coordination in Error-Detection Teams ［J］. International Journal of Human-Computer Studies, 2013, 71（4）：455-474.

［36］Keszey T. Boundary Spanners' Knowledge Sharing for Innovation Success in Turbulent Times ［J］. Journal of Knowledge Management, 2018, 22（5）：1061-1081.

［37］Massey A P, Montoya-Weiss M M, Hung Y T. Because Time Matters：Temporal Coordination in Global Virtual Project Teams ［J］. Journal of Management Information System, 2003, 19（4）：129-155.

［38］Macmillan J, Entin E E, Serfaty D. Communication Overhead：The Hidden Cost of Team Cognition ［C］// Salas E, Fiore S M. （Eds.）Team Cognition：Understanding the Factors That Drive Process and Performance [M]. Washington, D. C. : American Psychological Association, 2004: 61 – 82.

[39] Fiore S M, Salas E, Cannon – Bowers J A. Group Dynamics and Shared Mental Models Development [C] // London M. (Ed.) How People Evaluate Others in Organizations [M]. Mahwah, NJ: Lawrence Erlbaum Associates, 2001: 309 – 336.

[40] Espinosa J A, Lerch J, Kraut R. Explicit Vs. Implicit Coordination Mechanisms and Task Dependencies: One Size Does Not Fit All [M]. Washington D. C. : APA Books, 2004.

[41] 刘松博, 李育辉. 员工跨界行为的作用机制: 网络中心性和集体主义的作用 [J]. 心理学报, 2014, 46 (6): 852 – 863.

[42] Cummings J N, Haas M R. So Many Teams, So Little Time: Time Allocation Matters in Geographically Dispersed Teams [J]. Journal of Organizational Behavior, 2012, 33 (3): 316 – 341.

[43] Zika – Viktorsson A, Sundstrom P, Engwall M. Project Overload: An Exploratory Study of Work and Management in Multi – Project Settings [J]. International Journal of Project Management, 2006, 24 (5): 385 – 394.

[44] 刘东, 张震, 汪默. 被调节的中介和被中介的调节: 理论构建与模型检验 [C] //陈晓萍, 徐淑英, 樊景立. 组织与管理研究的实证方法 (第二版). 北京: 北京大学出版社, 2012: 553 – 587.

[45] Tjosvold D, Law K S, Sun H. Effectiveness of Chinese Teams: The Role of Conflict Types and Conflict Management Approaches [J]. Management and Organization Review, 2000, 2 (2): 231 – 252.

[46] Khan M M, Lodhi S A, Makki M A M. Moderating Role of Team Working Environment between Team Implicit Coordination and Performance [J]. African Journal of Business Management, 2010, 4 (14): 2743 – 2752.

[47] 王端旭, 薛会娟. 团队内隐协调的运作机理及影响因素分析 [J]. 科学学与科学技术管理, 2009, 30 (2): 160 – 163.